Lernen mit Emotion und Intuition

Der freudvolle Weg zum effizienten Lernen

Arbeitshandbuch für
Manager, Personalentwickler und Selbstlerner

Dr. Claudia Härtl-Kasulke

mit Beiträgen von
Loreen Kellermann
Dr. Andreas Zeuch

BREUER&WARDIN
www.*Verlagskontor*.com

Die Deutsche Nationalbibliothek verzeichnet diese Publikation in der Deutschen Nationalbliografie; detaillierte bibliografische Daten sind sind im Internet über http://dnb.d-nb.de abrufbar.

Claudia Härtl-Kasulke,
Lernen mit Emotion und Intuition.
Der freudvolle Weg zum effizienten Lernen.
1. Auflage 2011
ISBN 978-3-939621-74-4

Copyright © BREUER & WARDIN Verlagskontor GmbH,
Bergisch Gladbach - 2011
Projektleitung: Heiko Breuer, Bodo Wardin
Lektorat: Martina Rohfleisch
Illustration: Fabia Zobel, Herzschlagcomics (Comics); Martina Rohfleisch (Lernkreisläufe)
Mindmap: Markus Bärlocher
Satz und Layout: edition wolkenburg, Rheinbreitbach
Umschlaggestaltung: Fabia Zobel (Illustration), Tim Billen
Druck: Medienhaus Plump, Rheinbreitbach

BREUER & WARDIN
Verlagskontor GmbH
Zum Scheider Feld 12
51467 Bergisch Gladbach
Hotline: +49 1805 436 436*
*(0,14 EUR/Min Festnetz; max. 0,42 EUR/Min Mobilfunknetzen)
kontakt@verlagskontor.com
www.verlagskontor.com

Printed in Germany
ISBN 978-3-939621-74-4

Inhalt

war es dabei auch möglich, dass Mönche mit Laienbrüdern gemeinsam lernten, junge und alte Ordensmitglieder, die sich in diesen Ritualen zusammenfanden. Mit unseren Worten: Es wurde intergenerativ gelernt und – soweit im Kloster möglich – auch der Aspekt des durchaus modernen Ansatzes der Gleichstellungsperspektive (auf Neudeutsch: Gender Mainstreaming) gelebt.

Lernwirkfaktoren

▷ **Lernwirkfaktor:**
  Lernen im Miteinander heißt, an unserer Tradition und den persönlichen Erfahrungen anknüpfen

Gesehen werden: Lernen als Ritual

Deutlich wird, dass hier ein Ritual stattfindet.
Die Lernenden
* bewegen sich im Kreis und
* wiederholen die Lerninhalte
* zu festen Zeiten am Tag
* in einer ganz bestimmten, festgelegten Weise.

▷ **Lernwirkfaktor:**
  Mit Ritualen Sicherheit für Neues gewinnen

Vom Lernritual zur Lernstrategie

Wir können hier auch von einer »Lernstrategie« sprechen. Was konkret wird getan, um wirkungsvoll den Lernvorgang zu unterstützen: z.B. Gehen, Wiederholen der Lerninhalte.

▷ **Lernwirkfaktor:**
  Mit bewusstem Einsatz der persönlichen Lernstrategie das Lernen erleichtern

Doch es ist mehr, es ist auch eine »**Lerntaktik**«. Wie wird das »Was« getan? Denn die Ordensbrüder gehen nicht nur und wiederholen ihre Lerninhalte, sondern sie tun es auf eine ganz bestimmte Weise:

- Sie laufen in einem bestimmten Rhythmus.
- Sie gehen im Kreis ...
- ... und intonieren liedähnlich ihren Text (was heute von Außenstehenden oft als Monotonie wahrgenommen wird).
- Sie nutzen feste Zeiten.

▶ **Lernwirkfaktor:**
Durch Entwickeln der persönlichen Lerntaktik Datenautobahnen verstärken und aufbauen

Lernwirkfaktoren

Im Folgenden werden wir den hier definierten Begriff »Lernstrategie« dann verwenden, wenn bewusst auf eine bestimmte Weise gelernt wird.

Meisterhaft: Lernen als gemeinsame Reise

Konkret war diese Art des Lernens fest im Klosteralltag verankert. Betrachten wir das Kloster als »Unternehmen«, dann stellt das Unternehmen den Raum und die Zeit für diesen Lernprozess zur Verfügung, und die Lernenden nutzen diesen Rahmen (Setting) für ihren in Selbstverantwortung gestalteten Lernprozess als festen Bestandteil ihres Arbeits- und Lebensalltags.

▶ **Lernwirkfaktor:**
Soziale Verantwortung zeigt sich im klaren Rahmen und fördert gleichzeitig das verantwortungsvolle Miteinander.

Noch heute gibt es diese Art des Miteinander-Betens in Klöstern und in der Kirchengemeinde. Es verstärkt nicht nur den Lerneffekt im Hinblick auf nachhaltiges Lernen – wohl kaum einer, der in der Kirche das »Vater unser« auf diese Weise lernte, wird es je vergessen – es schafft zusätzlich ein tiefes Gefühl für Gemeinschaft, soziales Zusammengehörigkeitsgefühl. Auch das wird sicherlich jedes Kirchenmitglied bestätigen.[2]

Stark! Die innere Weisheit: Meditation

Wer von Ihnen bereits mit diesen Lernwirkfaktoren in Gebete eingeführt wurde, kennt sicherlich auch die meditative Wirkung, die solch ein »monotones« Ritual hat. Vergleichbar den Mantras wird hier eine tiefere Ebene des Bewusstseins angesprochen, in der sich Lerninhalte besonders gut verankern lassen, weil

* Lernblockaden hier weniger zum Tragen kommen und dadurch
* ich als Lernender direkten Zugang zu den Lerninhalten bekomme.

Das Gehirn ist dadurch in höherem Maße bereit, neue Informationen zu verarbeiten und abzuspeichern.

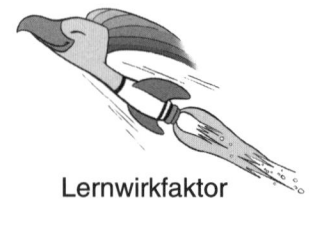

Lernwirkfaktor

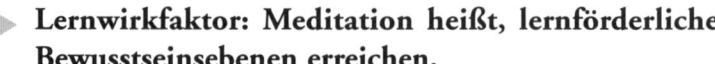

Lernwirkfaktor: Meditation heißt, lernförderliche Bewusstseinsebenen erreichen.

Entdeckt habe ich dieses Lernkonzept – denn als solches kann es sicherlich in der Komplexität seiner unterschiedlichen Wirkungsprinzipien genannt werden – aus der Klosterkultur während einer Ausbildung bei dem Trainerkollegen Rainer Molzahn, dem ich an dieser Stelle herzlich für diesen Impuls danken möchte. Er nutzte dieses Wissen, um den Teilnehmern das Lernen nicht nur wirkungsvoller zu vermitteln, sondern auch, um es nachhaltiger zu gestalten (siehe dazu Kapitel »Lernen und Meditation«).

Seitdem habe ich für meine Teilnehmer eine Vielzahl an Varianten entwickelt und stelle immer wieder fest, dass es für sie

- ein willkommenes Lernprogramm ist, das auch
- alte abzulegende Gewohnheiten, versteckte Ängste auflösen kann,
- gerade in der Gemeinschaft Freude am Miteinander-Wachsen vermittelt und
- individuelles Erfahren ermöglicht und nachhaltig verankert.

Fazit:

Wenn wir das »Litaneien-Beten« aus der Perspektive des Lernenden betrachten, der sein eigenes Lernen bewusst verbessern möchte, haben wir es hier mit einem hervorragenden Methoden-Mix von Lerntechniken zu tun, mit dem wir unser eigenes Lernen nicht nur beschleunigen, sondern auch nachhaltig wirkungsvoller verankern können. Bestätigt wird dies durch die Erkenntnisse aus den Neurowissenschaften (siehe dazu Kapitel »Von Datenautobahnen und anderen wirkungsvollen Wegen«).

Fazit

Deutlich wird in diesem Lernkonzept, dass hier kaum individuelle Lernverstärker genutzt werden, wie wir sie in unserer Kultur heute kennen, beispielsweise das Berücksichtigen von Lerntypen, biographischen Lernansätzen usw. (siehe dazu Kapitel »Lernen und Emotion«).

Wie der Kräftekreis oder die Krafttiere in indianischen Kulturen (siehe Exkurs: Kraftfelder und Krafttiere) Lernen verstärken können, so öffnet auch unser Lernablauf aus dem Kloster die Türe zum Lernen. Durch meine Erfahrung mit Vermittlern (Lehrern, Schamanen, Begleitern) aus unterschiedlichen Kulturen weiß ich, dass jede Gemeinschaft Lernrituale kennt, die für bestimmte Aufgaben und Situationen, wie zum Beispiel Initialisierung (wenn z.B. junge Menschen in das Erwachsenenalter eingeführt werden und dabei wichtiges Verhalten dafür in einem Ritual lernen), eingesetzt werden.

Exkurs: Kraftfelder und Krafttiere

Exkurs

In schamanischen Ritualen können wir auf unsere Kräftetiere treffen, auch Helfertiere genannt. In (Auto-)Suggestionen oder (Phantasie-)Reisen können uns diese Tiere begegnen. Sie sollen uns beschützen, uns unsere Stärken bewusst machen oder uns durch ihre Charaktereigenschaften in schwierigen Situationen zur Seite stehen. Jeder von uns wird von einem Tier begleitet, sagen die Schamanen, das die Türe zu unseren eigenen Stärken öffnet. Dabei hat jedes Kräftetier – je nach Volk – seine eigenen Qualitäten. Der Delfin z.B. steht für spielerische Kraft, Lebendigkeit und Kommunikationsfreude.

Auch Kraftfelder definieren sich unterschiedlich, sowohl was ihre Wirkung anbelangt, als auch im Hinblick auf ihre Eigenschaften. Jede Kultur hat hier ihre eigene Ausprägung. So gibt es Kraftfelder, die Pyramiden, Bäumen, Bergen oder den Himmelsrichtungen usw. zugeordnet werden. Der Süden kann für die inspirierende Kraft stehen, der Norden das Bewahren und Erden bedeuten. Die Arbeit mit diesen Kraftfeldern soll diese Qualitäten bei den Menschen verstärken oder für entsprechendes Handeln Impulse setzen. Jede Kultur hat dafür ihre eigenen Rituale, um Menschen auf ihren individuellen Wegen zu begleiten.

In meinen nun 30 Jahren Trainings- und Coachingerfahrung entdeckte ich, dass nicht nur die Kulturen, sondern jeder Mensch seine eigenen, oft höchst wirkungsvollen Lernstrategien sein Eigen nennt. Und diese Erkenntnis beeinflusst maßgeblich die Trainingskonzepte und vor allen Dingen auch deren Umsetzung. Meist sind diese Lernstrategien nicht bewusst und damit nicht bekannt. Deshalb können sie oft nicht aktiv für Lernen und Veränderungen genutzt werden.

Wie wichtig jedoch diese Ressource unserer Kultur ist, zeigen uns

- die rasante Wissensexplosion und
- unsere gesellschaftlichen Veränderungen (siehe dazu auch Kapitel »Lernen ist Wirtschaftsfaktor«).

2. WAS IST LERNEN?
Eine persönliche Sichtweise

Ich bin ein Meister, der übt

Am Anfang dieses Buches stand für mich die Frage: Was verstehe ich unter Lernen? Lernen ist für mich immer der Moment und der damit verbundene Vorgang, in dem ich mich bewusst oder unbewusst – mit etwas Neuem auseinandersetze. Ganz im Sinne der Neurowissenschaft lernen wir vom ersten Moment unseres Lebens bis zum letzten. Denn stets – ohne Unterlass – ist jede Sekunde unseres Lebens für uns neu.

Training

Gleichzeitig ist beim Lernen auch der evolutionsgeschichtliche Aspekt von Bedeutung. Wie fingen wir an zu lernen? Als Kleinkinder lernten wir holistisch, d.h. ganzheitlich: durch Spüren, Schmecken, Riechen, Erfahren, Hören und Sehen. Eher seltener wird aufgeführt, dass wir auch durch unser Körpergedächtnis lernen. Wir erfahren Raum im Verhältnis zu unserem Körperraum. Wir erleben und speichern unser Handeln im Raum.

Am besten ist das im Sport zu erleben: Ein Handballer denkt nicht darüber nach, wie lange er braucht und wie viele Schritte er machen muss, sobald ein Ball geworfen wird. Er erfasst intuitiv, wie seine idealen Körperabläufe sein müssen, um im rechten Moment an der Stelle zu sein, um den Ball zu fangen und weiterzugeben. Dabei weiß er – aus seiner Erfahrung – wie groß der Ball ist, wie er ihn in idealer Weise fängt, wie er ihn wirft, durch welche Körperbewegungen er dies in Gang setzt. Wenn wir uns dann diese Abläufe, in denen wir besonders erfolgreich gehandelt haben, bewusst machen und sie somit in anderen Situationen wieder hervorholen können, verstärken wir damit unsere Erfolgsfrequenzen.

Je besser unser Körpergedächtnis hier funktioniert, desto erfolgreicher sind wir nicht nur im Sport, sondern auch im nonverbalen Miteinander – um nur zwei Beispiele zu nennen.

▶ **Lernwirkfaktor:**
Speichern von Erfahrungen, um sie automatisch und punktgenau in anderen Situationen einzusetzen.

Lernwirkfaktoren

Diese ganzheitliche Art des Lernens bleibt uns als tiefe Erfahrung lebenslang erhalten. Sie ist uns meist nicht bewusst, doch wer kennt es nicht, dass zum Beispiel der Duft vom würzigen Sandelholz die Erinnerung an die erste Schulstunde weckt. Warum? Weil das Griffelkästchen aus diesem Material hergestellt war. Genauso, wie uns der Geschmack von Buttertorte an fröhliche Geburtstage erinnert oder bestimmte Mimik unserer Mutter in uns frühe Erinnerungen an Zuwendung wachruft.

All diesen Erinnerungen ist gemein, dass sie gleichzeitig tiefe Gefühle in uns anrühren. Und ich wage die Behauptung, dass darin – in diesen Emotionen – ein wesentlicher Grund für das Langzeitspeichern liegt. Deutlich wird es dann, wenn wir unser »automatisches« Lernen betrachten: Wir haben uns am Herd verbrannt – das tat weh. Damit verbinden wir eine starke Emotion: Wut, Trauer, Hass usw. Wie beim Tier wird hier unser Überlebensmechanismus angesprochen. Er dient unserer Sicherheit, Gesundheit, dem Wohlbefinden etc. Erfahrungen, die wir mit diesen starken Gefühlen verbinden, lernen wir automatisch und speichern sie im Langzeitgedächtnis: Wir werden uns sicherlich beim nächsten Mal vergewissern, ob diese Herdplatte warm ist, bevor wir sie berühren. Und das unabhängig von unserem Alter.

▶ **Lernwirkfaktor:**
Emotionen verstärken Erfahrungen und lassen uns nachhaltiger lernen.

Training

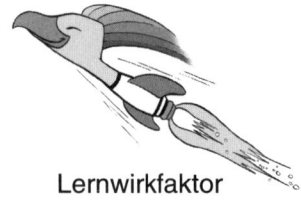

Lernwirkfaktor

Wir lernen »spielerisch« – auch mit diesem Stichwort verbinden wir Lernen. Am 30. April 2009 wurde im Hessischen Rundfunk ein Interview gesendet. Seit mehreren Jahren spielen Polizisten mit Handpuppen vor Kindergarten-Kindern Situationen aus dem Verkehrsalltag. Es zeigt sich, dass diese Kinder das Gesehene und Gehörte wesentlich länger – bis zu 90 % – behalten, die Inhalte wiederholen und auf der Straße in die Tat umsetzen, als vergleichsweise Kinder nach dem normalen Unterricht der Verkehrserziehung (ca. 50 %).

▶ **Lernwirkfaktor:**
Erfahrungen werden durch spielerisches Lernen emotional verstärkt.

Hier spielen sicherlich mehrere Faktoren eine Rolle: Zum einen werden mehrere Sinne angesprochen: Sehen, Hören, Fühlen und Erfahren. Zum anderen entstehen Gefühle, wenn die Kinder mit den Puppen in ihrem Spiel mitempfinden, mitfiebern, sich für sie freuen und lachen, traurig sind, wenn etwas nicht klappt.
Diese meist in unserer Kindheit gemachten Lernerfahrungen sind tief in uns verankertes Wissen.

Sowohl im Hinblick auf die
* »Lernstrategie« – denn unbewusst greifen wir auf diese Lernweise zurück – wie auch im
* »Lernkontext« – durch Assoziationen und Assoziationsketten holen wir uns bis ins hohe Alter »quasi automatisch« diese Zusammenhänge an die Oberfläche unserer Wahrnehmung – zeigen unsere Lernerfahrungen nachhaltige Wirkung. Und werden uns diese Erfahrungen bewusst, können wir sie für andere Situationen als Lernverstärker einsetzen.

Leider gilt dies sowohl für positive, wie auch für negative Lernerfahrungen. Während uns die positiv verankerten beflügeln, blockieren uns die negativen. Deshalb ist es hier so wichtig, sich »auf die Schliche zu kommen«.

Fazit:

Wir lernen dann besonders nachhaltig, wenn wir

1. alle unsere Sinne – idealerweise spielerisch oder mit einem Erfahrungsbild verbunden – ansprechen und
2. den Lerninhalt mit einem besonders tiefen Gefühl verbinden.

Fazit

Ich lebe lebendige Führung

Autoren: Claudia Härtl-Kasulke, Loreen Kellermann

Was hat meinen Blick auf das selbstgesteuerte Lernen gelenkt? In den letzten zehn Jahren habe ich festgestellt, dass ich mehr als zuvor immer wieder vor neuen Aufgaben, Wissensgebieten und Herausforderungen – auf die ich im Entstehen keinen Einfluss hatte – stand und stehe.

Dies erlebte nicht nur ich in meinem Beruf, das erleben auch die Menschen, die ich durch meinen Beruf als Coach und Beraterin begleite:

- Neue Berufsfelder lösen die erlernten ab.
- Neue Fragestellungen werden durch globale Entwicklungen akut – sei es der demografische Wandel, wirtschaftliche Veränderungen, rasant wachsender technischer Fortschritt, Wissens»explosion« und, und, und ...

Die Anforderungen, die sich daraus an uns persönlich stellen, sind höchst individuell – so individuell, wie sie unsere persönliche Situation spiegeln. Wenn wir darauf warten, dass wir entsprechende Angebote erhalten, entsprechen sie zum einen kaum unserer eigenen Anforderung und sind zum anderen nicht »just in time«. Denn hier sind wir selbst

Meister der Erkenntnis: Was brauchen wir wann und wie, damit wir wirklich privat und beruflich unseren Mann, unsere Frau stehen? In Bezug auf »Sicherheit gewinnen, für die Herausforderungen, die uns begegnen«, ist das Lernen aus eigener Initiative und in eigener Verantwortung mehr und mehr von Bedeutung.

Durch das Begleiten von Menschen wurde mir auch sehr schnell klar, dass sie unterschiedliche Anforderungen an ihren Lernprozess stellen. Je nachdem, ob

- wir aus Routinen plötzlich ins Lernen einsteigen müssen,
- wir Faktenwissen-Lernen gewöhnt sind und nun vor der Aufgabe stehen, Erfahrungen neu zu machen,
- wir uns lieber an unseren persönlichen Erfahrungen orientieren, aber jetzt vor neuen Herausforderungen stehen.

So hat jeder für sich andere Bedürfnisse, die er mit dem Thema »das Lernen lernen« verbindet. Aus dieser Situation heraus ist meine persönliche Auseinandersetzung mit dem Lernen entstanden.

Die hier vorgestellten Tipps, Übungen, Methoden, Strategien kommen alle aus meinem eigenen Erfahrungsschatz und dem meiner Mitstreiter. Oft entwickelten sich im Miteinander während der Coachings Methoden. Für den Austausch, das Ideenschmieden herzlichen Dank an alle, die hier mitgewirkt haben.

Fazit:

Fazit

Selbstgesteuertes Lernen ist »ein lernendes Verarbeiten von Informationen, Eindrücken, Erfahrungen, Emotionen (sic!), bei dem die Lernenden diese Verstehens- und Verarbeitungsprozesse im Hinblick auf ihre Zielausrichtung, Schwerpunkte und Wege im wesentlichen selbst lenken«[3]. Das bedeutet für Sie als Lernende, das Sie aktiv in den Lernprozess und dessen Gestaltung einbezogen werden und nicht nur bloßer Rezipient verschiedener Bildungsangebote sind. Damit können Sie Ihren Lernprozess individuell gestalten, weiterentwickeln, planen und durchführen. Diese Aufgabe kann allerdings nur erfolgreich gemeistert werden, wenn Sie über Ihr eigenes Lernverhalten Bescheid wissen.

Wie Sie Ihren Lernprozess selbst steuern und dies möglichst wirkungsvoll gestalten, darauf gibt dieses Buch eine Antwort. Die Übungen sind Vorschläge. Wählen Sie das aus, was Sie weiterbringt.

Wirkung, die zählt: Nachhaltigkeit

Nachhaltigkeit und Lernen – aus meiner Sicht hat Nachhaltigkeit mit Lernen sehr viel zu tun. Dahinter steckt die Frage, was kann ich beim Lernen und in der Lernvorbereitung tun, damit das erworbene Wissen mir dann zur Verfügung steht, wenn ich es brauche? Ähnlich wie in der Vorbereitung für Prüfungen setzen wir Erwachsene heute oft auf kurzfristige Verfügbarkeit, wie sie uns das Kurzzeitgedächtnis ermöglicht.

Exkurs: Zeit

Die Gründe dafür sind natürlich die scheinbar »weniger werdende Zeit«. Kann das wirklich sein? Immerhin steht uns allen Tag für Tag ein exakt gleiches Zeitkontingent von 24 Stunden zur Verfügung.

Exkurs

Für das Empfinden, »weniger Zeit zu haben« sehen wir als Ursachen das Beschleunigen von Entwicklungen, sei es an Wissen, an Technik, das Verschnellern von Arbeitsabläufen durch den Computer usw.

Übung

Tipp

Übung »Zeit anhalten«

Lehnen Sie sich an einem Arbeitstag nach jeweils 15 Minuten zurück und schreiben Sie in fünf Stichworten auf, was Sie die letzte Viertelstunde getan haben. Am Abend werden Sie feststellen, dass dieser »kleine« Einsatz dazu geführt hat, dass Sie Ihren Tag in seiner vollen Länge »zurück bekommen« haben. Unser Gedächtnis speichert in Stresssituationen nur noch das Wichtigste. Dazu gehört auch das Speichern der Zeit, die Sie für diese wichtigsten Arbeiten brauchten. Alles andere wird weggelassen und damit entsteht unser »gap« an gefühltem Zeitverlust.

Und ein Tipp:
Wenn Sie diese Übung ein, zwei Tage lang gemacht haben, reicht es schon, jede Stunde diese fünf Stichworte zu notieren. Sie erhalten als Geschenk einen wesentlich »längeren« Tag.

Gleichzeitig ist gerade unser Erfahrungswissen auch im Hinblick auf Zeit im Zusammenhang von Diagnostik, Analyse und Lösungsfindung für Veränderungsprozesse ein unschätzbares Gut. Wenn wir auf unser Wissen »was hat wie lange gedauert« zurückgreifen können, ermöglicht es uns nicht nur, vom Problem schneller in die Lösung zu kommen, sondern unterstützt uns auch mental durch das Gefühl der Sicherheit, gerade in unwegsamen Situationen.

Wichtig ist, dass wir hier einen Blick auf unsere Einstellung werfen. Wenn wir Lernen immer als eine Quelle begreifen, auf die wir auch in anderen Situationen 1:1 oder indem wir sie modifizieren, zurückgreifen können, haben wir den ersten Schritt getan, mit all unseren gelernten Schätzen eine Ressource für jede Lebenssituation aufzubauen.

Nachhaltigkeit bedeutet so viel wie »lang anhaltend«. Nachhaltiges Lernen soll folglich eine lang anhaltende Wirkung besitzen. Es bezieht sich auf den »Prozess des dauerhaften

Erwerbs und die Festigung von Kenntnissen, Fähigkeiten und Fertigkeiten«[4]. Nachhaltig bezeichnet somit die Wirkung dieses Lernprozesses: Zum einen soll es den Lernenden für zukünftiges Lernen befähigen und zum anderen sollen die Lernergebnisse und das erworbene Wissen auch in zukünftigen Situationen angewendet werden können.[5]

Und eine gute Nachricht in Sachen »Nachhaltigkeit«: Das Max-Planck-Institut für Neurobiologie, Martinsried stellte fest, dass viele der gewachsenen Zellkontakte zwar inaktiv sind, wenn sie über einen längeren Zeitraum nicht gebraucht werden. Dennoch bleiben sie erhalten. Es ist dadurch einfacher, etwas bereits Erlerntes wieder zu aktivieren, als etwas Neues zu lernen.[6]

Training

3. Der Turbo –
DIE NEUROWISSENSCHAFTEN

Von Datenautobahnen und anderen wirkungsvollen Wegen

>> Lernen ist ein aktiver Vorgang, in dessen Verlauf sich Veränderungen im Gehirn des Lernenden abspielen. <<
Manfred Spitzer[7]

Autoren: Claudia Härtl-Kasulke, Loreen Kellermann

Lernen wurde in der Vergangenheit als ein passiver Vorgang angesehen. Informationen, die gelernt werden sollen, werden durch Lesen oder Hören direkt in den Kopf »transportiert«. Spitzer beschreibt dafür folgendes Bild des »Nürnberger Trichters«:

* Trichter in den Kopf,
* das zu Lernende in den Trichter gießen,
* Trichter wieder raus ...

... und schon haben wir gelernt. Und, wenn ich etwas »einfach nicht in den Kopf hineinkriege« – wie der Volksmund sagt – ist der Trichter wohl verstopft. Doch leider funktioniert Lernen nicht so einfach. Es ist ein aktiver und sehr komplexer Vorgang im Gehirn, der Veränderungen bewirkt.

Bevor Sie erfahren, was es für Veränderungen sind, eine kurze Einführung in den Aufbau unseres Hirns. Es wiegt circa 1,4 Kilogramm und verbraucht 20 Prozent unserer Gesamtenergie. Außerdem besitzt es einige Milliarden Nervenzellen, die so genannten Neuronen, welche durch unzählige Nervenfasern miteinander verbunden sind. Ihre Aufgabe ist das Speichern und Verarbeiten von Informationen.[8]

Die Sinneszellen, die unseren gesamten Körper bedecken, verwandeln alles, was sie wahrnehmen, in Impulse. Sieht das Auge Licht oder spürt die Haut eine Berührung, entstehen Impulse, die dann über die Nervenfasern zum Gehirn geschickt und auf eine jeweils eigene Nervenzelle übertragen werden. Diese Übertragung erfolgt über die Synapsen, den Kontaktzellen zwischen den Nervenzellen. Damit bilden die Synapsen die Grundlage für unsere Lernvorgänge. Es wird davon ausgegangen, dass jede Nervenzelle circa 10.000 Synapsen mit anderen Nervenzellen hat. Die Übertragung von Reizen oder Informationen ist von der Stärke der synaptischen Verbindung abhängig. Das heißt, wenn ein Impuls von einer Nervenzelle (Neuron) zur nächsten übertragen werden soll und es liegt eine starke synaptische Verbindung zwischen diesen Nervenzellen vor, wird das nachfolgende Neuron stark erregt. Bei einer schwachen Verbindung passiert sehr wenig.[9]

Spitzer und Hüther bezeichnen diese Verbindungen als Datenautobahnen, die auf diese Weise entstehen. Je mehr Daten in einem bestimmten Zusammenhang abgespeichert werden, desto mehr bilden sich diese Datenautobahnen aus. Bei einer starken synaptischen Verbindung wird diese dann – um bei dem Bild zu bleiben – auf drei oder vier Spuren erweitert. Wir gelangen schneller von A nach B. Bei einer schwachen Verbindung bleibt die Autobahn zweispurig und es kommt öfter zu Verkehrsbehinderungen im Informationsfluss.

Erkenntnis

Am Anfang des Kapitels stand das Zitat von Spitzer, das besagt, dass sich beim Lernen etwas im Gehirn verändert. Diese Veränderungen im Gehirn zeigen sich durch Verstärken der synaptischen Übertragung. Das heißt, bei jedem wiederholten Lernvorgang nimmt die Stärke der Verbindung zwischen den Neuronen zu.

Der Hippokampus ist ein besonderes Areal in unserem Hirn. Er ist für das Erlernen von Ereignissen zuständig. Wenn wir etwas gelernt haben, speichern Nervenzellen (Neuronen) in ihrer Vernetzung die Komplexität an Information. Dieses bestimmte Nervenzellenzusammenspiel repräsentiert die neu gelernte Information. Der Hippokampus wird auch als »Neuigkeitsdetektor« bezeichnet, denn er findet heraus, ob ankommende Informationen neu sind oder nicht. Dies kann er, da er ja schon bekannte Informationen gespeichert hat. Wenn wir also etwas Neues lernen wollen, ist der Hippokampus unabdingbar. Das gilt jedoch nur für Ereignisse, nicht für Fähigkeiten oder Regeln, die durch häufiges Üben erlangt werden.[10]

Beispiel

Wenn wir bestimmte Handlungsabläufe üben, lernen unsere Neuronen langsam, aber stetig. Betrachten wir dies am Beispiel, das Gitarrespielen zu lernen: Zu Beginn ist jeder Handgriff neu, nichts ist routiniert und der Handlungsablauf ist stockend. Vor jedem neuen Griff muss ich genau überlegen, was zu tun ist, welcher Finger wohin gehört. Doch je öfter ich übe, desto mehr bekomme ich das Gefühl, meine Finger wissen von alleine, was sie als Nächstes zu tun haben. Noch bevor ich die nächste Note wirklich wahrgenommen habe, kann ich sie spielen, bis ich das Lied, nach entsprechenden Übungsphasen, auch Übungsroutinen genannt, fließend auswendig spielen kann. Aus den anfangs einzelnen Bewegungen, die genau überlegt werden mussten, werden nun verknüpfte Bewegungen, ein Bewegungsablauf, der aktiviert wird, sobald die erste Note gesehen oder nur daran gedacht wird. Dieses Wissen wird in dem Moment, in dem ich das Lied nicht mehr explizieren kann, zum impliziten Wissen.

Die meisten von uns kennen es von der Arbeit am Computer. Tastenkombinationen werden automatisch gedrückt, ohne sich Gedanken zu machen, wie sie funktionieren und was sie bewirken. In dem Moment, wenn wir gefragt werden und es erklären sollen, sind wir nicht in der Lage, es zu wiederholen. Es ist ein Können, das sich kontinuierlich aufbaut, sich entwickelt. Im Gegensatz dazu gibt es das explizite Wissen: Wenn ich die Note sehe, weiß ich, was ich zu tun habe.[11] Das wohl größte implizite Wissen besitzen wir in Bezug auf unsere Muttersprache. Obwohl wir kaum eine grammatische Regel kennen, sprechen wir die deutsche Sprache fließend. Dieser Prozess des Lernens wird als langsam, aber stetig bezeichnet. Damit soll keine bestimmte Zeitangabe beschrieben, sondern verdeutlicht werden, dass das Verarbeiten, Speichern und Wiederhervorrufen von Gelerntem Zeit benötigt. Wie viel davon und wie viel Übung notwendig sind, variiert je nach Aufgabe und von Mensch zu Mensch.

Fazit:

Unser Gehirn besteht also aus einem Netzwerk von Neuronen, von »Datenautobahnen«, das wir auch als »informationsverarbeitendes Netzwerk« bezeichnen können. Das heißt, Impulse sind Informationen, die wir aufnehmen, und die Verarbeitung dieser Informationen erfolgt durch die Aktivierung bzw. Hemmung von Neuronen. Ein Neuron ist somit ein Informationsverarbeitungselement, das immer, wenn es einen Impuls erhält und aktiviert wird, diesen Impuls repräsentiert. Kann die Nervenzelle eine Information repräsentieren, haben wir sie gelernt.[12]

Fazit

Welche »Impulse«, Informationen, Inhalte verarbeitet unser Gehirn auf diese Weise? Neben dem Faktenwissen (dem »deklarativen« Wissen) sind es die Erfahrungen, die wir speichern. Wobei natürlich mit dem Faktenwissen auch Erfahrungen verbunden sind oder sein können. Diese Tatsache wird auch im Aufbau unseres Berufsbildungssystem deutlich, denn es besteht aus zwei verschiedenen Lernorten: 1. die Berufsschule, die Erkenntniswissen vermittelt, und 2. der Betrieb, in dem Erfahrungen gemacht werden. Die Aufgabe des Auszubildenden ist, das Faktenwissen aus der Schule mit den eigenen Erfahrungen aus dem Betrieb zu verknüpfen. So soll ein möglichst großer Lernerfolg verankert und mit Nachhaltigkeit verbunden werden.

Wie ein Blick auf die Traumaforschung zeigt, sind Erfahrungen im hohen emotionalen Zusammenspiel besonders intensiv abgespeichert. Dies führt bei traumatischem Erleben dazu, dass das Abrufen der »Daten« durch das unbewusste, assoziierende Verbinden zwischen aktuellem Erleben und dem Trauma erfolgen kann. Es entstehen so genannte »flashs«. Das sind Bilder-, Erlebnis- oder Tonfolgen, die stark mit Gefühlen aufgeladen sind und ungefiltert Wirkung auf das aktuelle Leben haben, indem sie auf der ersten Ebene Irritationen, vor allem Ängste und dann in der Folge Stress auslösen.[13]

Wir speichern folglich:
* Daten, Fakten,
* Erfahrungen,
* Emotionen, die im Zusammenspiel mit kognitiver Bewertung entstehen, und
* (Körper-)Raum, Körpererfahrung, -abläufe und Zeit (z.B. beim Sport).

Zusammenfassend können wir sagen, dass Fakten, Emotionen und Prozeduren Informationen sind, die wir speichern.

Besonders intensive Speicherung erfolgt dann, wenn Informationen oder Erfahrungen mit starken Gefühlen verbunden sind. Das bezieht sich sowohl auf positive wie auch auf negative Emotionen.

Im Kleinen kennt jeder von uns diese Erfahrung, wenn Botschaften, so genannte Affirmationen, in bestimmten Situationen unser Handeln bestimmen und uns wie eine »innere Stimme« durch emotionsstarke Sätze blockieren oder beflügeln. »Dazu bist du zu dumm«, »Du kannst es«, »Kann nicht gibt es nicht« sind nur beispielhafte Affirmationen, die wir als Kinder und Jugendliche regelmäßig in bestimmten Zusammenhängen – also ritualisiert – gehört haben und die unser Leben stark bestimmen können.

Welche Auswirkung hat das Wissen, dass »Emotionen« im Zusammenhang mit Erfahrung abgespeichert werden, auf den Lernprozess?

Da – wie bereits erwähnt – sowohl die positiven wie auch die negativen Emotionen gespeichert werden und damit unser Verhalten gesteuert wird, ist es von vorrangiger Bedeutung, dass wir beim Lernen darauf achten, dass ...

Erkenntnis

- ... wir in positiver Umgebung und Atmosphäre arbeiten.
- ... positive Affirmationen unser Lernen begleiten (siehe dazu Kapitel »Lernen und Intuition«).
- ... uns Lernbegleiter (Mitarbeiterverantwortliche, Team- und Projektleiter, Lehrer, Trainer, Coaches) mit positiver Einstellung zu uns als Person, zum Lernen, zur Fehlerkultur und zum Leben begleiten.
- ... wir im positiven sozialen Kontext lernen. Hier geht Gerald Hüther einen Schritt weiter. Er sagte auf dem 10. Symposium zum Thema »Lernen lernen«: Es ist wichtig, zu vermitteln, dass es auf jeden Einzelnen ankommt, dass jeder gebraucht wird.

Und es ist wichtig, dass ...
- ... wir ritualisiert lernen.

Auf diese Weise können wir sozusagen mit bzw. auf Datenautobahnen die Informationen, Erfahrungen und Emotionen, die wir durch eine positiv gestaltete und gelebte Lernumgebung aufgenommen haben, so nachhaltig wie möglich speichern und abrufbar machen.

So können wir die Lernförderlichkeit starker positiver Emotionen nutzen. Statt mit Angst, die vielleicht schnell lernen lässt, vielleicht aber auch das Lernen verhindert und kreative Lernprozesse enorm behindert, verbinden wir den Lernprozess mit positiven Gefühlen.

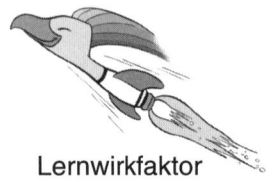

Lernwirkfaktor

▶ **Lernwirkfaktor:**
Positive Emotionen sind unser Lernelixier. Sie öffnen uns für das Neue und sind unsere Lernverstärker.

Dies gilt natürlich nicht nur für das Aneignen neuer Inhalte, sondern ganz besonders, wenn neues Wissen altes – vielleicht sogar negativ besetztes Wissen – ersetzen oder überlagern soll.

Um im Bild von der Autobahn zu bleiben: Es können auch die Datenautobahnen Kreuzungen und Abzweigungen zu ergänzendem Wissen oder neue Trassen für neues Wissen aufbauen. Wichtig ist dabei, dass diese neuen Straßen nachhaltig gebaut und gepflegt werden. Hier ist der Einsatz von Ritualen von Bedeutung, da für nachhaltiges Bauen und Absichern das Wiederholen eine besondere Rolle spielt. Dabei kommt der Auswahl der – für die Situation – richtigen, wichtigen Inhalte eine besondere Bedeutung zu. Die folgenden zwei Forschungsansätze zeigen, welche Rolle in diesem Zusammenhang die »Aufmerksamkeit« spielt.

Die Aufmerksamkeit als Autobahnpolizei

» Die Welt ist das, was ich von ihr denke. «
Jean E. Charon

Autoren: Claudia Härtl-Kasulke, Loreen Kellermann

Jede Minute unseres Lebens strömen unendliche viele Reize auf uns ein. Doch nicht alles ist für uns von Bedeutung. Also filtern wir das für uns Wichtige aus den vielen Reizen heraus. Somit schützen wir unser kognitives System vor Reizüberflutung und können Informationen effektiv verarbeiten.

Die Aufmerksamkeit ist sozusagen die Autobahnpolizei, die dafür sorgt, dass kein Chaos auf der Datenautobahn entsteht.

Erkenntnis

Es gibt zwei Formen von Aufmerksamkeit:
* Die Vigalenz bezeichnet den Zustand des Lernenden (von »hellwach« bis »komatös«) und
* die selektive Aufmerksamkeit meint die Zuwendung zu einem bestimmten Sachverhalt. Das Herausfiltern bestimmter Reize wird als selektive Aufmerksamkeit bezeichnet.[14]

Die Vigalenz beschreibt einen Zustand des Organismus, von Rapp als »Erregungs- und Wachheitszustand« bezeichnet, der die Grundlage für jede geistige Leistung darstellt. Damit ist klar: Die unliebsame zu bewältigende Aufgabe erledigt sich nicht im Schlaf. Dass sich der Grad der Wachheit im Laufe des Tages verändert und das Ausmaß der Aufmerksamkeit bestimmt, ist wohl jedem bekannt.

Auch die durch Studien belegte Tatsache, dass die Leistungsfähigkeit bei zu hohem oder zu niedrigem Wachheitsniveau sinkt, kann jeder bestätigen. Das bedeutet, bei Müdigkeit oder starker Aufgeregtheit und Hektik sind wir nicht so aufmerksam, können uns nicht gut konzentrieren. Diese Gesetzmäßigkeit wird als Yerkes-Dodson-Gesetz bezeichnet.

Zusätzlich wird zwischen einfachen und komplexen Aufgaben unterschieden: Während einfache Aufgaben auch bei hoher Erregung noch gelingen, kann ein hoher Grad an Erregung für komplexere Aufgaben schon hinderlich sein.[15] Bei der Bewältigung verschiedener Aufgaben kann die Beachtung des eigenen Tagesrhythmus somit förderlich sein.

Aufmerksamkeit als Scheinwerfer

Posner[16] hat die selektive Aufmerksamkeit mit einem Scheinwerfer verglichen, um zu verdeutlichen, dass die selektive Aufmerksamkeit nicht aufgeteilt werden kann. Zwar können wir sehr schnell zwischen den einzelnen Dingen hin und her wechseln, doch zu einem bestimmten Zeitpunkt ist die Aufmerksamkeit an einen bestimmten Ort gebunden. Das Licht des Scheinwerfers kann nicht geteilt werden, er kann immer nur A oder B anleuchten. Das, was von ihm angeleuchtet wird, wird gerade aufmerksam wahrgenommen.

Herausforderung: die Kapazität

Studien haben außerdem gezeigt, dass der Effekt der Aufmerksamkeit variabel und abhängig von den Anforderungen an das System ist[17] und dass die selektive Aufmerksamkeit nur eine begrenzte Menge an Kapazität zur Informationsverarbeitung zur Verfügung hat. Das bedeutet, je mehr Kapazität für die Verarbeitung einer Aufgabe benötigt wird, desto weniger bleibt für andere Aufgaben. Die Größe und der Durchmesser des Scheinwerfers sind allerdings abhängig von der Anforderung an unser kognitives System.[18]

Eine Theorie von Kahnemann dagegen besagt, dass auch die Bearbeitung verschiedener Aufgaben gleichzeitig möglich ist, »wenn die dafür benötigte Kapazität die verfügbare Gesamtmenge nicht überschreitet«[19]. Das bedeutet, dass wir eine bestimmte Kapazität an Aufmerksamkeit zur Verfügung haben, die wir dann beliebig verteilen können, solange nur die Gesamtmenge nicht überstiegen wird. Im Umkehrschluss bedeutet das: Auch wenn wir nicht alles wahrnehmen, können wir uns nicht daran hindern, immer so viel wahrzunehmen, wie nur geht.[20]

In der Wissenschaft gibt es verschiedene Theorien, wie mit Hilfe selektiver Aufmerksamkeit Reize gefiltert werden. Zwei davon stellen wir Ihnen nun vor:

Modell 1: Alles oder Nichts

Das Filtermodell von Broadbent funktioniert nach dem so genannten »Alles-oder-nichts-Prinzip«. Aus den vielen Informationen wird eine herausgefiltert, die dann weiter verarbeitet wird. Alle anderen werden nicht beachtet.[21] Da dieses Modell nicht alle Ergebnisse der wissenschaftlichen Experimente erklären konnte, entstand ein weiteres:

Modell 2: Mehr oder Weniger

Im Gegensatz zum ersten Modell funktioniert das Abschwächungsmodell von Treisman nach dem »Mehr-oder-weniger-Prinzip«. Wenn eine Information verarbeitet wird, werden die anderen nicht vollkommen ausgeblendet, sondern abgeschwächt auf anderen Kanälen verarbeitet.[22]

Beide hier aufgeführten Theorien haben das Phänomen »Aufmerksamkeit« im Blick. Die Fragen »Woraus entwickelt sich diese Aufmerksamkeit?« und »Welche Ursachen führen zu der Aufmerksamkeit im Sinne von Ursache- und Wirkungsprinzip?« scheinen mir hier allerdings nicht beantwortet.

An dieser Stelle soll nicht diskutiert werden, welches der Modelle richtig oder falsch ist. Für uns ist viel mehr die Frage von Bedeutung: »Wie kann ich meine Aufmerksamkeit bewusst lenken und somit auf die für mich wichtigen Inhalte fokussieren?«

Frage

Dieses Buch soll Ihnen bei der Beantwortung dieser Frage behilflich sein. Und wie wichtig das ist, zeigt sich umso mehr, wenn uns deutlich wird, welche Auswirkung diese Aufmerksamkeit auf unsere Realität hat.[23]

Beispiel

Lassen Sie uns hier zwei Beispiele betrachten: Als Kind hasste ich das Zahlenlernen, wie wir es aus dem traditionellen Geschichtsunterricht kennen – bis zu dem Moment, als ein Lehrer Geschichtsbilder an die Tafel malte. Ich kann mich noch sehr gut erinnern, welche Freude und Neugierde ich immer erlebte, bis dieses Bild fertig gestaltet war. Das Ergebnis zeigte sich in den Tests: Ich beschrieb die Ereignisse anhand der Bilder, die ich im Kopf hatte und mit großer Präzision die dazu gehörenden Jahreszahlen. Dafür hatte ich weder gepaukt noch gelernt. Ich habe immer nur die Teile der Tafelbilder, wie sie in meinem Kopf gespeichert waren, für die Fragestellung ausgewählt. Bis hierhin folgt dies dem Aufmerksamkeitsmodell nach Treisman und zeigt darüber hinaus, dass Aufmerksamkeit auch bewusst gelenkt werden kann.

Erkenntnis

Meine wichtigste Erfahrung ist hier jedoch nicht, dass dieses gespeicherte Bild die Ursache für meine Einsen im Geschichtsunterricht war, sondern die tief empfundene Freude und die positive Aufgeregtheit, die ich nicht nur beim Zusehen, wenn die Tafelbilder entstanden, sondern auch beim Wiedergeben der Inhalte erlebte und die mich beflügelte, meine Informationen abzurufen und entsprechend der jeweiligen Fragestellung neu zusammenzustellen.

Aus meiner Sicht lenkten meine Gefühle die Aufmerksamkeit. Und in vergleichbaren Lernprozessen erlebe ich das noch heute. Ab einem bestimmten Moment war es nicht mehr das Bild, das mir vermittelt wurde, sondern der bewusste Umgang mit diesem Bild: Ich freute mich auf dieses »Medium« und nutzte es zum Lernen. Ich ging sogar einen Schritt weiter, ich entwickelte selbst Bilder, um Lernen po-

sitiv und mit Leichtigkeit für mich zu gestalten. Ich richte-
te also meine Aufmerksamkeit bewusst auf das »Wissens-
transportmittel« und erhielt dadurch Schnelligkeit, Mühe-
losigkeit, Effizienz im Lernen. Das Ergebnis: Ich veränder-
te pro-aktiv meinen Lernprozess. Diese »gesteuerte Aufmerksamkeit« bezeichne ich als »bewusste Wahrnehmung«.

Ein weiteres Beispiel: Eine Schulkameradin war ein begna-
detes Sprachgenie. Ihr flogen die Worte und Sätze nur so
zu, bis zu dem Zeitpunkt, als ein neuer Lehrer sie jeden
Morgen an die Tafel zitierte. Er bestrafte sie für alles, was
sie falsch sagte, indem er sie lächerlich machte oder mit dem
Lineal schlug. Fast augenblicklich »knipste« sich ihre Sprach-
gewandtheit aus und sie verstummte. Das tiefe Gefühl der
Angst hatte ihre Aufmerksamkeit wie ein Scheinwerfer (um
bei dem Bild von Posner zu bleiben) auf ihr »Nichtkönnen«
gelenkt, und sie blieb mit der Note »5« in Englisch und
Latein sitzen. Der Wechsel in die Realschule stoppte nach
diesem einjährigen Unterricht das Lateinlernen. Jahre später erzählte sie mir, dass sie ihren »Sprachgenius« wieder
gefunden hat. Nach nur vier Wochen in einem Crashkurs
hat sie ihr kleines Latinum in einer normalen Abiturklasse
absolviert. Die Prüfer ermunterten sie, doch gleich das große anzuschließen. Was war passiert?

Beispiel

Ihre Lehrerin ließ keine Minute Zweifel an ihrem Glauben
an sie aufkommen. Sie war vollkommen davon überzeugt,
dass sie mit einer Prädikatnote abschließen wird. Dies ver-
mittelte sie ihr fortwährend durch Worte, Mimik, Gestik,
belegte es ihr anhand ihrer Leistung und durch schriftliche
Kommentare auf den Tests. Nur das Positive wurde wahrgenommen. Meine Schulkollegin erzählte mir, wie dadurch
die Freude für jeden noch so kleinen Fortschritt entstand
und sich in ihr mehr und mehr ein tief empfundenes Gefühl der Sicherheit einstellte. Letzteres war so umfassend,
dass sie keine Zweifel hatte, das Richtige in der Prüfung zu
tun. Oder anders gesagt, ihre Aufmerksamkeit im richtigen

Moment auf die richtige Antwort zu fokussieren. Ihre »absolute« Sprachsicherheit, die sie als Kind hatte, konnte sie allerdings nicht mehr zurückgewinnen. Sie sagte, es liege daran, dass beide Botschaften »Du bist zu dumm« und »Ich weiß, dass du es kannst« immer wieder in Widerstreit miteinander treten und es schwer sei, die damit verbundenen Emotionen voneinander zu trennen.

Fazit:

Fazit

Aus meiner Sicht zeigen beide Beispiele, wie Gefühle unsere Aufmerksamkeit steuern. »Ratio haben wir in Fülle – unsere persönlichen Ressourcen sind Emotion und Intuition«, sagt Abicht[24]. Die Emotionen sind der Motor, der den Scheinwerfer anspringen lässt und lenkt. Dadurch werden sie zur Energiequelle für außerordentliche Leistung oder Versagen.

Das zweite – genau so wichtige – Ergebnis ist, dass hier konkrete Einflussfaktoren die Aufmerksamkeit lenkten: Die positive bzw. negative Affirmation, also das bekräftigende, verfestigende Verhalten durch Bezugspersonen, steuerte die Aufmerksamkeit. Wenn ich mir dieses Prozesses bewusst werde, kann ich selbst diese »Steuerung« übernehmen.

Beide Beispiele zeigen auch, wie kraftvoll die Wirkung der Einflussnahme auf unseren Lernprozess durch die Aufmerksamkeit ist. Ich möchte das Sprichwort leicht verändern: »Unsere Aufmerksamkeit kann Berge versetzen.« Das hat konkrete Auswirkungen auf unsere Zielformulierungen (nicht nur beim Lernen).

Spot an: Emotionen – die intelligente Power

Autoren: Claudia Härtl-Kasulke, Loreen Kellermann

Wenn wir unsere Aufmerksamkeit auf ein bestimmtes Thema legen, werden die neuronalen Strukturen aktiviert, die für die Verarbeitung dieses Themas zuständig sind. Studien haben gezeigt, dass Aufmerksamkeit zu einer Aktivitätssteigerung führt und somit das Behalten von – sowohl positiv, wie auch negativ ausgerichteter – Informationen bewirkt.[25] In dem Kapitel über Neurowissenschaften wurde deutlich, dass Lernen durch das Aktivieren von Neuronen erfolgt. Wenn Aufmerksamkeit die Aktivität der Neuronen ankurbelt, verstärkt sie somit auch die Behaltensleistung. Je aufmerksamer, je bewusster in meiner Wahrnehmung ich als Lernender bin, desto besser ist das Behalten von Informationen. Der Motor für diese Aufmerksamkeit sind die Gefühle. Hier stecken viel verborgene Ressourcen für das Lernen und für das Lösen von Herausforderungen, wie sie sich heute und in Zukunft stellen. Wenn wir uns bewusst machen, dass wir Informationen über Gefühle speichern, ist das bereits der Beginn einer Schatzsuche. Ein Schatz, der gehoben werden will. Dieses Wissen ist eine wichtige Voraussetzung für bewusst eingesetzte Lernstrategien, wie wir sie nicht erst in Zukunft mehr und mehr brauchen.

Wichtige Fragen für unseren Lernprozess:
* Wie schaffen wir uns eine positive Lernumgebung?
* Wie ermöglichen wir uns Stimulans durch positive Gefühle beim Lernen?
* Wie nutzen wir unsere bewusste Wahrnehmung beim Formulieren unserer Ziele?
* ... und steigern dadurch unsere (unbewusste) Aufmerksamkeit?

Frage

4. Lernen –
TUNING FÜR DIE WIRTSCHAFT

>> Sich selbst zu lieben, zu schätzen, ist der Beginn für Toleranz. <<
Bernhard Bueb[26]

Autoren: Claudia Härtl-Kasulke, Loreen Kellermann

Aktuell findet eine grundlegende Veränderung in unserer Gesellschaft statt. Nicht nur die Alterspyramide steht Kopf – auch die Wirtschaft macht Handstände, das Wissen verdoppelt sich in rasanter Geschwindigkeit, Technologien überholen sich gegenseitig ... All das hat Auswirkungen auf unsere Unternehmenskultur, auf unser Zusammenleben.

Systemisch gesehen, können wir sagen: »Lassen Sie uns bei einem Thema starten, damit verändern sich auch die anderen.« Doch im Alltag scheinen uns die Anforderungen über den Kopf zu wachsen.

Lassen Sie uns zunächst die aktuelle Bevölkerungsentwicklung betrachten. Der demografische Wandel beschreibt diese Veränderung aus sozio-kultureller und wirtschaftlicher Sicht. Nicht nur für Deutschland, sondern international bedeutet das eine immer älter werdende Gesellschaft. Dafür gibt es zwei Ursachen: einerseits der starke Geburtenrückgang und andererseits die immer besser werdenden Lebensbedingungen aufgrund medizinischen und technischen Fortschritts.

Während die Gruppe
- der unter 20-Jährigen von 29,0 Millionen (1960) um fast die Hälfte sinkt auf 16,1 Millionen (2030),
- wächst die Gruppe der 60+ um mehr als das Doppelte von 16,1 Millionen (1960) auf 35,5 Millionen (2030) an.

Obwohl diese Zahlen nur Schätzwerte auf Grundlage von Geburten- und Sterberaten sind, zeigen sie die Tendenz zu einer alternden Gesellschaft deutlich.[27] Dieser starke Wandel der Altersstruktur der deutschen und europäischen Bevölkerung bringt weit reichende Veränderungen für Gesellschaft, Wirtschaft und Politik mit sich, die oftmals als Problem angesehen werden.

All das, was ich in der Folge schreibe, bezieht sich auf den demografischen Wandel – doch lassen Sie uns die Perspektive wechseln und lesen Sie es mit der Brille der Wirtschaftskrise oder einer anderen globalen Entwicklung, deren Auswirkungen Sie persönlich kennen ...

Aufgaben, die vor uns stehen, als »Problem« zu definieren, blockiert Entwicklungen. Deshalb ist es wichtig, sich diesen Phänomenen als Herausforderung zu stellen.[28] Während Probleme in die Vergangenheit gerichtete Antworten verlangen, bergen Herausforderungen die Lösung als Antwort in sich. Probieren Sie es direkt aus!

Training

Mein Problem ist ...
Beispiel: Veränderungen sind für mich ein Problem, weil ich Angst vor Neuem habe. Das sind meine ersten Schritte:

1._____

_____

2._____

Übung

_____

3._____

_____

Übung

Alternativ: **Meine Herausforderung ist ...**

Beispiel: Meine Herausforderung ist, Veränderungen angstfrei, mit Offenheit und lösungsorientiert zu begegnen, indem ich

1._____

_____

2._____

_____

3._____

_____

unternehme.

Mit welchem Ansatz fiel es mir leichter, eine Lösung zu entwickeln?

_____

_____

Was hat mir das Finden der ersten Lösungsschritte erleichtert?

_____

_____

Während wir in der Problemorientierung »statisch« bleiben, gehen wir bei der Herausforderung bereits bei der Formulierung in die Dynamik des Handelns.

Neue Situationen, die Herausforderungen mit sich bringen und von uns neue Methoden und Strategien verlangen – und nicht nur das, die von uns fordern, Zukunftsszenarien zu entwickeln, für die wir die Grundkriterien so noch nicht kennen – brauchen die offene, angstfreie Herangehensweise.

Bezogen auf die aktuellen Arbeitsbedingungen werden diese Zukunftsszenarien mehr und mehr notwendig. Ziel ist es, nicht nur für eine älter werdende Belegschaft die Arbeits- und Leistungskraft zu erhalten und zu fördern. Das startet bei jedem von uns mit persönlichen Lernprozessen, um uns den Situationen privat und beruflich nicht nur anzupassen, also reaktiv zu sein, sondern offensiv mit ihnen umzugehen.

Wichtig ist es dabei, bereits heute den Blick für die Jungen nicht aus den Augen zu verlieren. Heute gehen wir davon aus, dass wir ein durchschnittliches Renteneintrittsalter von 62 Jahren haben. Zukünftig wird dies nicht nur aus gesetzlichen Gründen, sondern auch aus dringendem Bedarf höher gesetzt werden. Hierfür fehlt es weitreichend an Erfahrungen. Ein wichtiger Faktor, um die Menschen in diese Entwicklung verantwortlich, initiativ und gesundheitsfördernd einzubinden, ist die Bildung und Weiterbildung aller und im Besonderen der Arbeitnehmer. Dafür ist Lernen Programm.

These 1: Lernen ist Wirtschaftsfaktor.

>> Die Europäische Union setzt zum Ziel, die europäischen Länder bis 2010 zum wettbewerbsfähigsten und dynamischsten Wirtschaftsraum in der Welt zu machen. <<
Ziel des Europäischen Rates, Lissabon 2000

Im Mittelpunkt steht der Mensch. Denn nur mit ihm werden wir aktuelle und künftige Aufgaben lösen können. Dies geschieht nur, wenn wir uns alle dafür einsetzen, fit zu bleiben. Lernen ist dafür eine wichtige Voraussetzung.

Erkenntnis

Dabei ist zu beachten, dass Menschen je nach Lebensphase, Lebens- und Arbeitshintergrund andere Schwerpunkte beim Lernen setzen. Das Lernen Erwachsener ist mehr an den Aufgaben des Lebens orientiert. Aufgrund ihrer Lebenserfahrungen und -erlebnisse entwickeln die Menschen mehr und mehr Problemlösestrategien, um den Anforderungen des Alltags gerecht zu werden.

Diese Lösungsstrategien – aufbauend auf Langzeiterfahrungen – werden meist mit mehr Selbstverständnis und je nach routinierter Gewohnheit auch unbewusster eingesetzt als in jungen Jahren. Andererseits akzeptieren Ältere auch eher die von außen gesetzten Rahmenbedingungen, sei es aus Resignation, weil sich zeigt, dass sie nichts dagegen ausrichten können oder aus Überzeugung, weil sie diese als mittel- und langfristig tragfähig erkannt haben. Das Ergebnis kann ein hohes Maß an Professionalität sein.

Gleichzeitig sind ältere Menschen oft verhaltener in ihrem Vorgehen, kritischer bei innovativen Lösungen – sofern sie nicht auf Erfahrungen basieren – und vorsichtiger als junge Menschen beim Querdenken im Sinne von Rahmen sprengenden Umsetzungen. Meist ist ab 50 das analytisch-diagnostische Wissen gut ausgeprägt.

Exkurs: Querdenken
Wirtschaftskrise, Automotive und Innovation

Exkurs

Erfahrung: Ein Automotive-Zulieferer beispielsweise wird von einem Investor übernommen. Für die Manager und Mitarbeiter sind das »bad news«. Unsichere Zeiten brechen an. Sie wissen nicht, wie sich das auf ihre Position im Unternehmen auswirkt, welche Geschäftsstrategie der Investor plant usw. Für die verantwortlichen Manager des Deals bei dem Investor wiederum sind es »good news«. Sie haben den Markt gecheckt und kennen die Chancen, die ihnen einen guten »return of investment« in Aussicht stellen.

Wie können wir mit dieser Erfahrung quer denken?

Querdenken: Wenn wir für unsere Branche zum Beispiel »Automotive« googeln, finden wir »bad news« – wie wir sie täglich in der Zeitung lesen und »good news«. Die Brücke dazu sind die »opportunities«, die wir für uns im Automotivebereich als Chancen nutzen können.

Beispiel

Und welche »opportunities« ergeben sich in dem oben genannten Beispiel? Durch das Erhöhen der Liquidität kann in Forschung und Entwicklung investiert werden und die internationale Marktposition des Unternehmens weiter ausgebaut werden. Das hat Auswirkungen auf die Sicherheit der Arbeitsplätze ... und dadurch sind es good news für die Mitarbeiter.

Rahmensprengendes Querdenken ist meist in der Jugend mehr ausgeprägt, da hier die Erfahrungen, Grenzen durch Strukturen und Vorgesetzte zu erleben, noch nicht so dauerhaft gemacht wurden. Dieses hier beschriebene Querdenken ist aus Erfahrung entstanden. Jede Medaille hat zwei Seiten. Und Entwicklungen mit negativen Auswirkungen haben auch die positiven.

Einer unserer Kunden, ein international handelnder, erfahrener Manager im Automotivebereich hatte diese Strategie entwickelt, um seine Mitarbeiter den Perspektivenwechsel zu den täglich kaskadierenden negativen, eher lähmenden Nachrichten zu eröffnen.

Mit diesen beiden altersbedingten Präferenzen zeigt sich deutlich, wie befruchtend das Lernen zwischen den Generationen sein kann, wenn die Erfahrungsschätze aller zusammengeführt werden. Und dies umso mehr, da wir durch den demografischen Wandel vor einem Kulturwandel stehen, der nicht nur lebendiges, lebensbegleitendes Lernen als wichtige Voraussetzung für den Erhalt und das Fördern von Arbeits- und Leistungsfähigkeit erfordert, sondern Querdenken auf die Fahne schreibt, um die Zukunftsszenarien mit Leben zu füllen.

These 2: Lernen heißt Krisen meistern.

» Wer Lernen als Abenteuer, als Erlebnis entdeckt, ist auch bereit sich anzustrengen und ›Durststrecken‹ auszuhalten. «
Horst Siebert[29]

Die aktuelle demographische Entwicklung stellt uns vor eine Patt-Situation. Auf der einen Seite zeigt sich unsere Arbeitswelt in immer dichteren, komplexeren Prozessen, die immer stärker beschleunigt werden. Wir stehen immer häufiger vor der Herausforderung, entscheiden zu müssen, ohne über Erfahrungen für die jeweilige Situation zu verfügen. Und gleichzeitig gehen immer mehr Menschen mit Transfer-Erfahrungen und Expertise in den Ruhestand. Der Stellenmarkt für diese Fachkräfte ist leergefegt. Unternehmen droht bereits ein Expertiseverlust, der zur Schließung von Spartenbereichen oder Abteilungen führt.

In Lernprozessen quer zu denken, neue Lernformen zu entwickeln, die intergenerative Kompetenzen miteinander verbinden – dies sind Möglichkeiten, Expertise aufzubauen, um dieser gefährlichen Entwicklung Einhalt zu bieten. Eine weitere Chance ist, Lernstrategien zu entwickeln, die Intuition als Empowerment im Lernprozess nutzt und damit den Rahmen angestammter Lernfelder sprengt.

Erkenntnis

Jede Krise wird durch Menschen und deren Kompetenz gemeistert. Intergenerative Kompetenzen für Querdenken und erfahrungsorientierte Lösungen nutzen, heißt Zukunftsszenarien kreativ gestalten.

These 3: Lernen heißt Zukunft sichern.

» Wer heute die richtigen Weichen stellt, hat im demografischen Wandel gute Wachstumsperspektiven. «
Ursula von der Leyen[30]

Selbstständiges, selbstverantwortliches Lernen ist der Stein des Weisen, um künftigen Herausforderungen bereits jetzt begegnen zu können.

Dies gilt gleichermaßen für alle Generationen. Und es enthebt die Unternehmen nicht ihrer Verantwortung, für die Mitarbeiter entsprechende Rahmenbedingungen schaffen zu müssen. Tabuisierungen wie »ab 45 brauchen wir aktiv keine Qualifizierung mehr anzubieten« oder »Ältere« durch Sondermaßnahmen zu stigmatisieren, gehen hier eindeutig in die verkehrte Richtung. Lernangebote speziell für »Ältere« sind ebenfalls mit höchster Vorsicht zu genießen. Allzu schnell werden vorhandene »Stigmatisierungen« wie »Wir gehören zum alten Eisen« durch solche Maßnahmen nur verstärkt und setzen zusätzlich ganz in diesem Sinn negative Zeichen in der Unternehmenskultur.

Erkenntnis

»Immer wieder wird für die Beschreibung von Gesellschaften der Blick auf ihren Umgang mit den Menschen gerichtet, die fremd sind, schwach oder keinen ›Nutzen‹ beziehungsweise ›Wert‹ für die jeweilige Organisationsform menschlichen Zusammenlebens haben. Offenbar besteht ein enger Bezug zwischen dem Umgang mit solchen ›Randgruppen‹ und der ›Mentalität‹ einer Gesellschaft.

Wenn in der heutigen Gesellschaft Deutschlands, die zunehmend von ökonomischen Erfolgskriterien bestimmt zu sein scheint, langzeitarbeitslose Hartz-IV-Empfänger als ›arbeitsfaul‹ und ›daher überflüssig‹ abgewertet werden, ist dies in Korrelation mit einer Mentalität zu sehen, die Nützlichkeit und Effizienz einen sehr hohen Stellenwert einräumt. Dieser Umgang mit den ›Anderen‹ spiegelt kollektive Ängste und Überzeugungen wider.

Die Gründe für diese Ausgrenzung und Stigmatisierung von Individuen oder Gruppen scheinen oft unterschiedlicher Art zu sein. Genauer betrachtet, kann immer Angst als Motivator angenommen werden, entweder eine individuelle, gepaart mit großem Einfluss auf die Normen einer Gesellschaft oder eine kollektive.«[31]

Dieses Zitat aus einer Magisterarbeit zum Thema »Außenseiter im frühen Mittelalter. Untersuchung des sozialen Umgangs mit Juden und Leprosen in den Frankenreichen« von Daniel Lizius hat mich sehr berührt.

Fast möchte ich provokativ sagen, anstelle von »arbeitslosen Hartz-IV-Empfängern« können wir auch »Ältere« setzen. Deutlich wird auch unsere Angst als »Motivator«, wenn wir in Unternehmen ausgrenzen:

Angst vor
* dem Älter-Werden in einer dem Jugendkult verschriebenen Gesellschaft,

- dem »Anders-Sein« durch die Veränderungsprozesse, die sich in unserem Leben ergeben,
- dem »Ausgegrenzt-Sein« durch eben diese Angst.

Daraus ergibt sich eine Kultur in unserer Gesellschaft und damit in den dieser Gesellschaft verankerten Organisationsformen wie Unternehmen, öffentliche Verwaltungen, Verbänden usw.

Ohne diese Ängste anzuschauen, wird sich diese Kultur nicht verändern. Gleichzeitig gehören sie als »Schattenseiten« zu unserem Leben. Ohne Ängste werden wir auch die Freuden nicht leben. Doch ist es wichtig, wie wir mit ihnen umgehen. Hier besteht ein großer Lernbedarf, um in unseren Unternehmenskulturen wertschätzend dem Menschen zu begegnen.

These 4: Lernen braucht Kultur.

Soweit zu den Rahmenbedingungen in Unternehmen, die nicht Gegenstand dieses Buches sein werden, doch wichtige Voraussetzung für die Lernprozesse in jeder Organisationsform sind.

Lernen wird also mehr und mehr wichtiger Bestandteil unseres Lebens- und Arbeitsalltags, nicht zuletzt, um die Wettbewerbsfähigkeit der Unternehmen zu gewährleisten. Bereits heute – und das trotz Wirtschaftskrise – haben wir die Situation, dass in bestimmten Branchen innovative Projekte nicht mehr umgesetzt werden können, weil ...

Beispiel

1. ... um die Jahrhundertmitte und in der Folge Entlassungen durchgeführt wurden, ohne die Auswirkungen des demografischen Wandels zu berücksichtigen.

2. ... dadurch heute die erfahrenen Mitarbeiter unter anderem für die Ausbildung und die Nachwuchsförderung fehlen.

3. ... wir bereits Fachkräftemangel spüren und qualifizierte Auszubildende und Hochschulabsolventen fehlen.

Eine intergenerativ ausgerichtete, wertschätzende Unternehmenskultur, die eine wirkungsvolle, achtsame Lernkultur verankert, ist die Basis, um diesen Veränderungsprozess erfolgreich zu meistern.

These 5: Lernen ist Kultur.

Durch Unternehmenskultur, in der intergeneratives Lernen ein Kulturanliegen ist, stärken wir unsere Wettbewerbsfähigkeit.

Auf der Seite der Lernenden ist die Grundlage für wirkungsvolles Lernen, bei sich selbst die Voraussetzungen zu entdecken, die das eigene Lernen fördern oder behindern. Wichtig ist dabei, dass Sie sowohl die positiven Seiten wie auch die Herausforderungen für sich wertschätzend anerkennen. Idealerweise mündet dies dann in bewusst eingesetzte persönliche Lernstrategien, die methodisch ergänzt werden können. So lassen sich mit diesem Wissen auch die Schattenseiten integrieren (siehe dazu Kapitel »Lernen und Intuition«), Lernstrategien und -techniken entwickeln und persönlich optimieren.

Erkenntnis

Unterstützt wird dieser Ansatz durch Erkenntnisse aus der Forschung in den Neurowissenschaften und der Lernforschung. Hier ist inzwischen belegt, dass es die oft zitierten »altersbedingten Leistungsdefizite« bei gesunden Menschen so nicht gibt. Die fluide Intelligenz, d.h. die Fähigkeit, Neues erlernen zu können und für sich nutzbar zu machen, lässt zwar im Alter nach. Das bedeutet, Informationen werden langsamer verarbeitet. Doch dabei handelt es sich um Sekundenbruchteile. Das heißt, Ältere brauchen eventuell eine Lernschleife mehr. Die kristalline Intelligenz jedoch, die Fähigkeit auf bereits Gelerntes zurückgreifen zu können, das Nutzen von Strategien und Expertenwissen z.B., bleibt bis zu einem Alter von mehr als 70 Jahren stabil.[32]

Veränderungen der Intelligenz oder die Abnahme von Merkfähigkeit und Erinnerungsvermögen entstehen vor allem dann, wenn wir zu viel routinierte Arbeit erledigen, Lernen nicht mehr als aktiven Prozess unseres Lebens sehen und wenn dadurch unser Lernen »einrostet«, das Lernen folglich nicht trainiert wird. Die tatsächlich altersbedingten Veränderungen sind demgegenüber marginal. Durch gezielte Förderung kann die intellektuelle Leistungsfähigkeit verbessert werden.[33] Solzbacher spricht aufgrund dessen auch von einem Leistungswandel statt von Leistungsdefiziten. Konkret können wir davon ausgehen, dass wir jeden Moment unseres Lebens lernen. Und das im wahren Sinn des Wortes »lebenslang«. Auch das ist eine wichtige Ressource, die es zu nutzen gilt.

These 6: Ideal ist ein intergeneratives Lernen.

Ohne die Expertise aller Generationen fehlt es an ganzheitlicher Kompetenz für innovative Projekte.

Wenn Sie diese Thesen lesen, sehen Sie, dass auch die Brille »Wirtschaftskrise« nichts an diesen Aussagen verändert. Im Gegenteil! Die Aussagen sind allgemeingültig und Sie halten einen bunten Blumenstrauß an Lösungen in den Händen, die für jede Problemsituation, in die ein Unternehmen mit seinen Mitarbeitern geraten kann, gelten.

Die zu erledigenden Aufgaben werden also immer komplexer und anspruchsvoller: Die Arbeit soll selbstständig organisiert und geplant werden, die Durchführung eigenständig entwickelt und die Ergebnisse kontrolliert werden.[34] Damit diese Anforderungen aber nicht zu einer Belastung führen, schlägt Solzbacher die »methodische Bildung« vor, das Lernen des Lernens[35], und dies sollte idealerweise auf der Basis unseres bewussten und dem Entdecken unseres unbewussten Wissens vom eigenen Lernen geschehen.

TEIL B
Praxis: Grundkriterien
für nachhaltiges Lernen

Lernstrategien –
der Weisheit bester Start

5. Selbstbewusstsein
6. Motivation
7. Konzentration
8. Entspannung
9. Angst und Stress nutzen
10. Zeitmanagement
11. Wahrnehmung
12. Infotainment
13. Erfolgskontrolle
14. Lerneigenschaften

In diesem Teil des Buches lesen Sie, wie Sie ...
- Ihre unbewusste Lernstrategie entdecken und modifizieren,
- Ihr Lernen mit Techniken, Methode und Planung noch wirkungsvoller gestalten,
- Ihren Widerständen ein Schnäppchen schlagen.

5. Spurensuche: Entdecken unserer Stärken
SELBSTBEWUSSTSEIN

>> Der Weg des Selbst zu seinem Selbst <<
Daniel Kehlmann[36]

Sie haben bereits entdeckt, dass viele Ressourcen uns beim Lernen und für das Lernen verloren gehen, weil wir mit unseren Widerständen und den damit verbundenen Gefühlen viel Energie binden. Umgekehrt ist gerade diese Energie eine unserer wichtigsten Quellen. Wenn wir mehr und mehr unsere Hindernisse entdecken, erfahren wir damit auch einen Ressourcenaufbau.

Die andere Art des Ressourcenaufbaus ist das Kennenlernen unserer unbewussten Lernqualitäten. Beispiel: Wir wissen, dass wir besonders gut Fakten lernen. Wenn wir uns die Wirkfaktoren für diese Kompetenz bewusst machen, können wir sie auch bewusst für Erfahrungslernen einsetzen. Meist funktionieren diese unbewussten Qualitäten besonders effizient in Situationen, in denen es uns gut geht. Wir können sie zusätzlich in für uns problematischen Situationen wirkungsvoll einsetzen, wenn wir sie kennen und wissen, wie wir sie nutzen.

Training

Wie sieht dieser Lernkreislauf aus?

Lernchips: Mit unbewusster Kompetenz punkten

» Sapere aude! Habe Mut, dich deines eigenen Verstandes zu bedienen! «
Immanuel Kant[37]

Autoren: Claudia Härtl-Kasulke, Loreen Kellermann

Um diesen Lernkreislauf zu erklären, nehmen wir als Beispiel das Entdecken unserer unbewussten *Lernstrategien für Faktenlernen.* Das Thema ist im folgenden Text immer kursiv gesetzt und kann in dieser Übung jederzeit durch ein anderes Thema ersetzt werden.

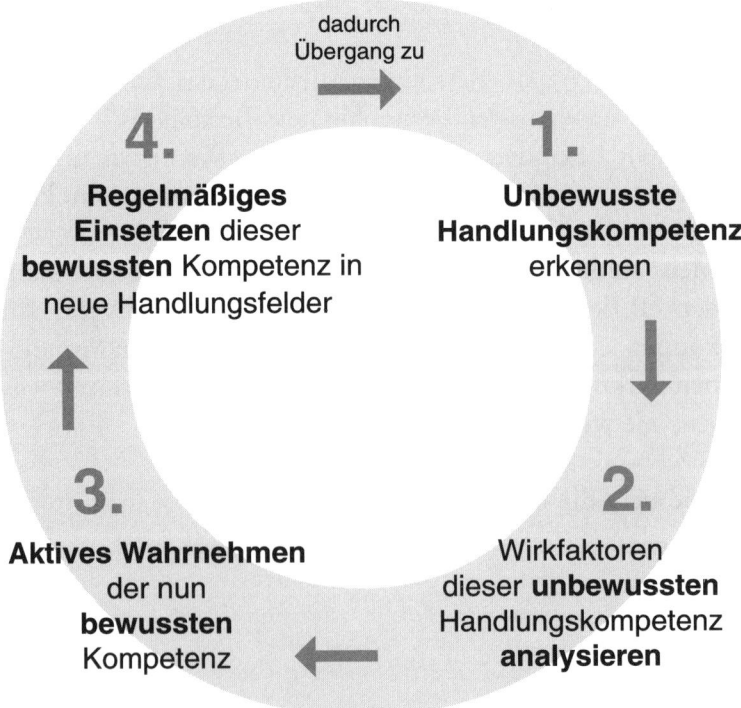

dadurch
Übergang zu

4.
Regelmäßiges Einsetzen dieser **bewussten** Kompetenz in neue Handlungsfelder

1.
Unbewusste Handlungskompetenz erkennen

3.
Aktives Wahrnehmen der nun **bewussten** Kompetenz

2.
Wirkfaktoren dieser **unbewussten** Handlungskompetenz **analysieren**

Lernkreislauf:
So erkennen wir unsere unbewussten Lernqualitäten und setzen sie ein

1. Schritt: Unbewusste Handlungskompetenz erkennen

Der erste Schritt bedeutet, ich erkenne und akzeptiere, dass ich unbewusste *Lernkompetenz für Faktenlernen* besitze, die ich mir noch nicht bewusst gemacht habe und deshalb nicht einsetze. Dennoch habe ich bereits erkannt, dass ich diese Lernkompetenz habe, weil mir z.B. Freunde beim gemeinsamen Lernen sagten, dass ich sehr schnell Fakten exakt wiedergeben kann oder ich selbst merke, dass es mir Spaß macht, Fakten zu lernen und dies mir leicht von der Hand geht usw.

Beispiel

2. Schritt: Wirkfaktoren dieser unbewusste Handlungskompetenz analysieren

Natürlich können Sie nun fragen: »Wie ist es möglich, eine unbewusste Handlungskompetenz zu analysieren?«

Hier gibt es im Wesentlichen zwei Vorgehensweisen:

1. Sie beobachten sich beim *Lernen von Fakten* unter der Fragestellung:

   Was geht mir besonders gut »von der Hand«, macht mir Freude und motiviert mich?

Frage

• bei der Lernvorbereitung

_____

_____

_____

_____

Frage

- beim Lernvorgang an sich

_____

_____

_____

- beim Nachbereiten (wie zum Beispiel Ihre persönliche Belohnung)

_____

_____

_____

2. Sie analysieren genau Ihre Schritte, die zu Ihrem wirkungsvollen Lern-Ergebnis beim Lernen von Fakten führen:

- Was motiviert mich?

_____

_____

_____

- Was macht mir Freude?

_____

_____

_____

* Was von dem, das ich tue, trägt zu meinem nachhaltigen Ergebnis bei?

_____

_____

_____

* Welche Gefühle begleiten mich beim *Lernen von Fakten*?

_____

_____

_____

Wenn sich hier negative Affirmationen oder Grundhaltungen einschleichen, sind dies wichtige Informationen für Sie! Machen Sie einen Exkurs zum Kapitel »Lernen und Intuition« (siehe Kapitel »Inneres Team«).

Erkenntnis

Manchmal braucht es wiederholte Analysephasen, um genau zu erkennen, was Sie konkret zum Erfolg führt. Beobachten Sie sich detailgenau. Oft sind es die Mikroschritte, die in der Abfolge Ihren Erfolg ausmachen. Wenn Sie diese dann in neuen, noch ungewohnten Situationen bewusst einsetzen, sind sie noch wirkungsvoller.

Was fiel mir noch auf:

_____

_____

_____

Übung

Erkenntnis

Diese Übung lebt von Ihrem Erkennen, von Ihrer Liebe zum Detail ... sobald Ihnen auch später noch Verhaltensweisen auffallen, ergänzen Sie diese in Ihrem persönlichen Lernportfolio. Wichtig ist es, dies Schritt für Schritt aufzuschreiben. Diese Erkenntnisse sind zu Beginn oft »flüchtig«.

2. Die Alternative zu diesem Vorgehen ist: Sie lassen sich prozessorientiertes Feedback zu den oben genannten Fragen von Freunden, Familie, Kollegen geben ... und nutzen diese Erkenntnis für den

3. Schritt: Die unbewusste Kompetenz bewusst als Qualität wahrnehmen

Dieser Erkenntnisprozess, in dem wir mehr und mehr Klarheit über unsere zunächst unbewusste, Kompetenz erhalten, hat eine eigene Dynamik. Wenn wir diese nun neu gewonnene, bewusst gemachte Kompetenz ausschließlich »bemerken« und wieder ad acta legen, haben wir für unseren Lernprozess nichts Neues gewonnen.

Wichtig ist nun, dass wir diese bewusste Kompetenz »wahrnehmen«. Was ist anders zwischen »bemerken« und »wahrnehmen«? Im Gegensatz zum erstgenannten Begriff ermöglicht uns das Wahrnehmen, dass wir aktiv mit diesem neuen Wissen umgehen können. Das führt uns zum

4. Schritt: Das Einsetzen der bewussten Kompetenz

Wenn Sie alle Schritte und deren Ablauffolge geklärt haben, überlegen Sie sich eine neue Situation, in der Sie Ihre persönliche Lernkompetenz bewusst einsetzen.

Je mehr Sie dieses Vorgehen nutzen, zu unterschiedlichen Gelegenheiten wieder und wieder anwenden – es sollte mindestens 21-mal stattfinden und idealerweise in einer festgelegten Abfolge geschehen – desto schneller »automatisiert« es sich (siehe dazu auch Kapitel »Der Turbo: neurowissenschaftliche Erkenntnisse«). Sie brauchen sich dann keine Gedanken über dieses Wissen zu machen, denn Sie haben eine neue bewusste und damit bewusst einsetzbare Kompetenz gewonnen, die Sie nun automatisch auch in den anderen, von Ihnen geübten Situationen einsetzen.

Training

1. Schritt: Sie haben Ihre unbewusste Kompetenz entdeckt!

Herzlichen Glückwunsch!
Mit dieser Übung haben Sie einen für sich und Ihr Lernen bedeutenden Schritt gemacht: Sie kennen Ihre Quellen, aus denen Sie Ihre Lernstrategie schöpfen!

Fazit:

Mit dieser Methode entdecken Sie nicht nur Ihre Lernkompetenz. Diese Methode lässt sich hervorragend für Ihr persönliches Lernen nutzen: Durch den Bewusstmachungsprozess gewinnen wir neue Kompetenz. Diese Kompetenz verbinden wir in dem Übungsprozess mit neuen Situationen. Dadurch wird unsere ehemals unbewusste Handlungskompetenz erweitert. Da der 4. Schritt bei regelmäßigem Nutzen die neu gewonnen Kompetenz in eine neue unbewusste Kompetenz führt, das heißt der »Einsatz« automatisch erfolgt, wird für diese neuen Situationen wieder eine unbewusste Kompetenz aufgebaut. So können wir energievoll aus unserer persönlichen Ressource »unbewusste Handlungskompetenzen« für neue Herausforderungen Anregungen, ja sogar konkrete Vorgehensweisen gewinnen.

Fazit

Training

In den folgenden Beispielen, werden wir die in jedem von uns vorhandenen Ressourcen

- »Widerstände abbauen«
- »bewusste Kompetenz aufbauen«

mit weiteren Übungen vorstellen.

Das Überraschende an diesen Methoden ist, dass sie – regelmäßig eingesetzt – überproportional wirken, indem negative Muster, Affirmationen, Glaubenssätze »leiser« werden und sich mit der Zeit auflösen.

Es ist bekannt, dass jeder Mensch individuell lernt. Jeder hat andere Neigungen, Erfahrungen, Kompetenzen, die er mitbringt:

1. Während der eine durch seinen Biorhythmus am Vormittag am leistungsstärksten ist, ist es ein anderer vielleicht eher am Nachmittag.

2. Der eine kann besser Fakten auswendig lernen, der andere braucht praktische Beispiele, um den Inhalt zu verstehen.

3. Jeder von uns hat anderes Vorwissen und andere Erfahrungen.[38] Je älter wir werden – eine Binsenweisheit –, desto umfangreicher werden unsere Kompetenzen.

4. Je besser wir über unsere Lernvoraussetzungen Bescheid wissen, desto effektiver können wir unser Verhalten für wirkungsvolleres Lernen verändern.

Das heißt, es ist also von unschätzbarem Vorteil, konkret über die eigenen Lernvoraussetzungen Bescheid zu wissen. Wir stellen Ihnen die wichtigsten Fragen dazu in der folgenden Checkliste vor.

Checkliste Lernvoraussetzungen:

• Zu welchen Tageszeiten bin ich am leistungsstärksten?

_____

_____

Frage

• Wie lange kann ich mich am Stück konzentrieren?

_____

• Wie viele Pausen brauche ich?

_____

• Wie lang sollten meine Pausen sein?

_____

• Womit schaffe ich meine beste Regeneration?

Wenn ich in den Pausen
❐ relaxe
❐ esse
❐ spazieren gehe
❐ Sport mache
❐ meditiere

❐ _____

❐ _____

Gut ist auch zu wissen, wie ich als Lernender mit neuen Informationen umgehe.

Frage

- Reicht es mir, diese nur zu lesen?

  _____

- Verstärke ich den Lernerfolg durch das Aufschreiben?

  _____

- Brauche ich ein praktisches Beispiel?

  _____

- Brauche ich ein »Bild« für den Lerninhalt?

  _____

- Ist es wichtig, dass ich es selbst ausprobiere?

  _____

- Lerne ich besser zusammen mit anderen?

  _____

- Lerne ich besser, wenn ich mich dabei bewege?

  _____

- Was ist es noch?

  _____

  _____

_____

_____

_____

Oft sind es sehr persönliche Gewohnheiten, die das Konzentrieren fördern. So ging Aristoteles mit auf dem Rücken verschränkten Armen auf und ab. Friedrich Schiller ließ sich vom Duft überreifer Äpfel, die er in seiner Schreibtischschublade aufbewahrte, anregen. Und J. W. von Goethe liebte die Wanderungen in der Abgeschiedenheit des Waldes.

Beispiel

Diese Lernvoraussetzungen werden in der Literatur oft als »Lernstrategien« erster Ordnung bezeichnet. Lernstrategien zweiter Ordnung unterstützen bei richtiger Anwendung die der ersten und helfen, den Lernprozess und sein Ergebnis so effektiv wie möglich zu gestalten.

6. Lernstrategien toppen
MOTIVATION

» Der Mensch wird nur glücklich, wenn er all seine Fähigkeiten und Möglichkeiten entfalten und benutzen kann. «
Jostein Gaarder[39]

Autoren: Claudia Härtl-Kasulke, Loreen Kellermann

Für die meisten Menschen spielt die Lernmotivation eine wesentliche Rolle im Lernprozess. Gleichzeitig ist das den wenigsten bewusst.

Erkenntnis

Motivation geschieht in drei Phasen:
1. vor dem Einstieg ins Lernen, um zu starten,
2. während dem Lernen, um den Motivationsbogen über die Arbeitsphase zu halten,
3. nach dem Lernen, als Belohnung. Wenn wir mit uns diese Belohnung vereinbaren und mit bestimmten, zu erreichenden Zielen verbinden, kann das Belohnen die Motivation sowohl für den Einstieg wie auch den Lernprozess vermitteln.

Wenn wir uns zu unserer Motivation keine Gedanken gemacht haben, kann es
• zu Lernverzögerungen zum Beispiel durch
• Übersprungshandlungen führen:
So ist oft vor Prüfungen die Wohnung geputzt, das Essen so köstlich wie nie ... Doch die Zeit wurde weniger für das Lernen genutzt. Die Folge ist dann meist, dass wir mit Näherrücken des Prüfungstermins immer mehr unter Zeitdruck stehen und dann die letzten Tage vor der Prüfung Tag und Nacht büffeln. Das ist anstrengend und macht wenig Spaß.

Nun stellt sich also die Frage, wie wir uns genügend motivieren können, um unsere Zeit für das Lernen so optimal wie möglich zu nutzen.

Eine internationale Umfrage des Portals monster.de Auswertung Deutschland zeigt: 34% der Arbeitnehmer motiviert der eigene Leistungsanspruch[40] . Leistung hat stets mit Lernen und dem Setzen von entsprechenden Zielen zu tun.

Frage

Mit Zielen motivieren

» Indem er erläuterte, wie man beim Schießen mit dem Ziel eins werden musste, so dass einen der Erfolg nicht mehr kümmerte und man gerade deshalb, im paradoxen Schwebezustand desinteressierter Anspannung ins Zentrum traf. «
Daniel Kehlmann[41]

Setzen Sie Ihren Fokus! Konzentrieren Sie sich auf eine Sache und lassen Sie sich nicht ablenken. Das heißt: Setzen Sie sich ein realistisches und anspruchsvolles Hauptziel und kleinere Teilziele. Zum einen erscheint die zu bewältigende Aufgabe dann nicht mehr so komplex, und zum anderen ist jedes erreichte Teilziel eine Belohnung wert. So entsteht eine Kette von kleinen Erfolgserlebnissen. Wichtig ist, dass diese Ziele messbar sind.

Training

Auf der folgenden Seite finden Sie dazu eine Beispieltabelle, in der Sie Ihre Ziele eintragen können.

Übung

Meine Ziele (Doppelseite)

Was? →

• Welches Ziel verbinde ich inhaltlich mit meinem Lernstoff?

_____

_____

• Was sind meine Teilziele? →

1._____

_____

2._____

_____

3._____

_____

4._____

_____

5._____

_____

Wann?

Bis wann habe ich es erreicht?

_____

_____

Bis wann habe ich meine Teilziele erreicht?

Wie viele Std./Min. plane ich dafür ein? _____

Erreicht bis _____

Wie viele Std./Min. plane ich dafür ein? _____

Erreicht bis _____

Wie viele Std./Min. plane ich dafür ein? _____

Erreicht bis _____

Wie viele Std./Min. plane ich dafür ein? _____

Erreicht bis _____

Wie viele Std./Min. plane ich dafür ein? _____

Erreicht bis _____

Auch mangelndes Interesse am Inhalt oder fehlender persönlicher Bezug können Ursache für geringe Motivation sein. Deshalb ist es vor dem Start von gleichrangiger Bedeutung, sich konkrete Gedanken zu dem Ergebnis zu machen und darüber, welchen Nutzen es für mich bringt.

Frage

- Was ist mein persönliches Ziel, das ich mit dem Lernen, dem Lernstoff verbinde?

_____

_____

_____

- Was ist nach dem Lernen für mich anders als jetzt?

_____

_____

_____

- Was ist mein persönlicher Nutzen, den ich mit dem Lernen verbinde (was kann ich damit machen, welche praktischen Anwendungsbeispiele kenne ich bereits)?

_____

_____

_____

Wenn ich mir als Lernender diese Fragen beantworte, identifiziere ich mich mit den Inhalten, baue meine eigene, intrinsische Motivation auf und erlebe Sinn im meinem Tun. Andererseits merke ich auch rechtzeitig, wenn es für mich keinen Sinn macht, mich mit diesem Lernstoff auseinanderzusetzen, weil es zum Beispiel nicht mit meiner Lebensplanung übereinstimmt.

Wenn ich meine Ziele formuliere, setze ich einen Fokus für meine Wahrnehmung (Siehe dazu auch Kapitel »Die Aufmerksamkeit als Autobahnpolizei«). Dafür ist es von Bedeutung, auf meine Worte und Gefühle zu achten.

Erkenntnis

1. Formulieren Sie Ihr Ziel immer in der Gegenwart. Damit richten Sie Ihre bewusste Wahrnehmung konkret auf das »Jetzt« und damit den Fokus Ihres Handels auf die Gegenwart (nicht auf das »Was sollte in Zukunft sein«). Und berücksichtigen Sie dabei das notwendige Quentchen »Flexibilität«, das Ihnen hilft, Unvorhergesehenes zu integrieren.

2. Positive Gefühle bauen Ihre Datenautobahn aus – Zweifel lenken die Datenautobahn um. Wenn Sie Freude entdecken, verweilen Sie in dem Gefühl und speichern Sie es für sich ab.

   Wenn Sie Zweifel oder Hadern entdecken, kann das Ihren Lernerfolg verzögern, verhindern. (Sie finden dazu eine Übung mit Ihrem »Inneren Team« im Kapitel »Lernen und Intuition«).

Perspektiven wechseln

» Man kann überall sein, und da sich nichts überprüfen lässt, ist alles, was man sich vorstellt, im Grunde auch wahr. «
Daniel Kehlmann[42]

Auch durch Perspektivenwechsel können wir uns motivieren. Hier stellen wir Ihnen Beispiele vor:

Training

Perspektivenwechsel »Angenehmes verbinden«

Es kann sein, dass Lernen – unabhängig vom Inhalt – nicht zu meinen Lieblingsbeschäftigungen zählt. Um meine persönliche Einstellung, meine Grundhaltung zu ändern, kann ein Perspektivenwechsel hilfreich sein, wie zum Beispiel, eine unangenehme vor einer oder zwischen zwei angenehmen Aufgaben zu erledigen. Die positiv besetzten Arbeiten kann ich bewusst als Belohnung sehen oder mir zusätzlich nach jedem erreichten Teilziel eine Belohnung gönnen.

Perspektivenwechsel »Erfahrung genießen«

Oft ist schon das Anwenden meiner Lerninhalte in die Praxis eine freudvolle Erfahrung. So kann die Wirkung des Lernens in den Lernfortschritten verfolgt werden, und dieser Erfolg motiviert.

Perspektivenwechsel »Lernen als Abenteuer«

Dies erhöht die positive Einstellung zu neuen Inhalten, Erfahrungen. Diese kann ich als Lernender durch meine Grundhaltung zum Lernen verstärken. Sehe ich zum Beispiel Lernen als eine neue Herausforderung, die ein neues

»Abenteuer« in meinen Alltag bringt, statt es als eine lästige Pflicht wahrzunehmen, hilft mir das, mit mehr Freude an die neue Aufgabe heranzugehen.[43]

Perspektivenwechsel »Achtsames Beobachten«

Auch meine persönlichen Botschaften, Affirmationen, tragen zur eigenen Motivation bei. Diese Affirmationen sind oft unbewusst aktiv. Und so ist es im ersten Schritt wichtig, sie zu entdecken. Achtsames Beobachten, ohne mich selbst zu bewerten, ist die Ausgangsbasis.

Übung:

Nehmen Sie Platz in einem ruhigen Raum, in dem Sie ungestört 15 Minuten verbringen können. Nehmen Sie sich die Zeit. Sitzen Sie einfach da und lassen Sie Ihre Aufmerksamkeit nach innen gleiten. Fühlen Sie Ihrem Atem nach, konzentrieren Sie sich auf Ihren Atem. Nehmen Sie die Pausen zwischen dem Ein- und Ausatmen wahr. Lassen Sie es einfach geschehen. Und wenn Sie ganz zur Ruhe gekommen sind, spüren Sie hin:

Übung

Welche Gedanken kommen hoch, wenn ich an Lernen denke?

_____

_____

_____

_____

Stellen Sie sich jetzt vor, dass Gedanken, die das Lernen be- oder verhindern, leicht wie Wolken weiterziehen.

Training

Wenn Sie dabei Gefühle entdecken, nehmen Sie diese nur wahr, begrüßen Sie diese Emotionen freundlich, wie einen alten Bekannten. Vielleicht mit einem leichten erkennenden »Ah ja, das kenne ich«, und lassen Sie diese Gefühle auch mit der Leichtigkeit von Wolken weiterziehen. Wenn negative Emotionen Sie begleiten, sagen Sie ihnen, dass jetzt anderes dran ist. Je öfter Sie dies tun, desto mehr verliert dieses alte Muster an Kraft.[44]

Dabei achten Sie auf Ihren Atem …

Jetzt widmen Sie sich den Gedanken, die Ihr Lernen unterstützen und fördern.

Übung

_____

_____

_____

Mit der Leichtigkeit Ihres Atems begleiten Sie diese Gedanken, entdecken dabei die Gefühle, die sich einstellen. Vielleicht ist es Freude auf das Neue, Neugierde, …

_____

_____

_____

Und mit tiefen Atemzügen atmen Sie diese Gedanken und Gefühle ein.

Wichtig ist dabei, dass Sie erkennen, dass die hindernden Botschaften, die Sie in sich tragen, sicherlich in Ihrem früheren Leben eine Funktion, eine Aufgabe hatten. Die Umstände haben sich geändert und so sind diese heute nicht mehr für Sie von Bedeutung.

Tipp: Diese Übung kann vor dem Lernen genutzt werden, wenn Affirmationen uns von dem Starten abhalten und immer dann, wenn Botschaften während des Lernens auftauchen und uns am Lernen hindern. Sie stärkt nicht nur Ihre Motivation, sondern auch Ihre Konzentration.

Tipp

Perspektivenwechsel »Schattenseiten annehmen«

Ein »Kollege« der Botschaften sind die Eigenschaften, Grundhaltungen, Überzeugungen, die unser Leben begleiten. Wir sind beim Lernen »langsam«, »schnell«, »gestresst«; wir sagen »Faktenlernen kann ich nicht ...« usw.

Die bekannte, 91 Jahre alte Psychoanalytikerin Margarete Mitscherlich antwortete in einem Interview auf die Frage »Was machen Sie mit Ihren negativen Eigenschaften?«, dass sie diese – wie zum Beispiel ihre Eifersucht – liebevoll betrachtet und annimmt.

Beispiel

Beispiel: »Faulheit« beim Lernen

Dazu gehört, dass ich meine Eigenschaften nicht bewerte. Taucht diese »Faulheit« beim Lernen auf, begrüße ich sie eher mit dem kleinen Satz »ah ja« wie einen alten Bekannten. Mit diesem achtsamen Betrachten und dem Vertrauen, dass es sich löst, zeigt sich, dass die Brisanz, die wir mit diesen Schattenseiten verbinden, mehr und mehr schwindet. Dahinter steckt die Erkenntnis: Je mehr ich mich über meine Schattenseiten, meine vermeintlich schlechten Eigenschaften ärgere, desto mehr bleiben sie haften.

Erkenntnis

Perspektivenwechsel »Den inneren Kritiker hören«

Eine sehr wirkungsvolle Übung dazu bekam ich von meinem Kollegen Georg Sindermann geschenkt:

Übung »Der innere Kritiker«

Übung

In dem Moment, wenn Ihre innere Stimme – wir können sie auch »Kritiker« nennen – Sie mit Ihren Schattenseiten konfrontiert und Sie es wahrnehmen, lehnen Sie sich zurück wie eine Mutter, die Ihr weinendes Kind auf sich zukommen sieht. Ihre Haltung ist abwartend, schauend, was ist. Geben Sie Ihrem Kritiker genau drei Minuten Zeit. In dieser Zeit darf er sagen, was und so viel er will. Sie hören nur zu. Geben Sie ihm einen bewertungsfreien Raum. Zeitbegrenzung und Bewertungsfreiheit ist von besonderer Wichtigkeit. Nach drei Minuten danken Sie ihm – egal, was er gesagt hat – für seine Informationen und verabschieden ihn. Das Ergebnis ist, dass er sich nun zurückzieht. Je öfter Sie diese Übung machen, desto kürzer werden die Besuche des Kritikers und hören schließlich ganz auf.

Tipp

Tipp: Diese Übung ist auch hervorragend für schlaflose Nächte, die sicherlich in unruhigen Zeiten viele von uns kennen, zum Unterbrechen endloser Gedankenschleifen geeignet.

7. Mit dem Fokus punkten
KONZENTRATION

Die Aufmerksamkeit und die Konzentration, mit denen wir eine Aufgabe bearbeiten, sind von ganz unterschiedlichen Faktoren abhängig. Wenn wir uns selbst beim Lernen beobachten, können wir herausfinden, was uns wie und wie stark beeinflusst. Mit diesem Wissen können wir Veränderungen unserer Lernsituation herbeiführen und damit wirkungsvoller gestalten.

Training

Probleme lösen

Manchen fällt es schwer, private Probleme auszublenden. Beim Lernen schweifen die Gedanken immer wieder ab und die Konzentration auf die eigentliche Aufgabe ist erst dann möglich, wenn das Problem geklärt ist (siehe dazu Kapitel »Lernen und Meditation«).

Ruhezonen nutzen

Andere sind sehr von ihrer Lernumgebung abhängig. So braucht zum Beispiel der auditive Lerntyp Ruhe beim Lernen, da ihn Hintergrundgeräusche zu stark ablenken.

Ordnung schaffen

Auch visuelle Ablenkungen beeinträchtigen unser Konzentrationsvermögen. Ist der Arbeitsplatz unordentlich und unorganisiert, verschwenden wir unnötige Zeit und kognitive Ressourcen damit, die benötigten Arbeitsmaterialien in dem Chaos zu finden.

Warum nicht von anderen Kulturen lernen? Im Feng Shui gibt es eine Regel: Es liegen nur die Materialien auf dem Tisch, die gerade für die aktuelle Arbeit gebraucht werden. Das vermittelt innere Ruhe, das schnelle »Gewusst-Wie«, wo ich meine Informationen finde, und erhöht damit die Konzentration.

Übung

Bei mir ankommen

Das Thema »Ordnung schaffen« kann ich auch als ein persönliches Ritual nutzen. Jeden Tag starte ich mit einem festen Ablauf:

1. Ich sichte meine Arbeitspakete und stelle sie thematisch zusammen.
2. Ich setze meine persönlichen Prioritäten.
3. Ich lege die Vorgänge stets auf den gleichen Platz.
4. Ich habe nur meine aktuelle Arbeit auf dem Schreibtisch.
5. Ich mache mindestens drei Pausen, die ich zeitlich festlege.
6. Ich setze mir ein Tagesziel.

Was bringt es mir?

Es gibt mir – in den oft sehr vollen Tagen – eine innere Ruhe.

Wie kann mein persönliches Startritual aussehen?

1._____

2._____

3._____

4._____

Essen genießen

Müdigkeit oder Hunger lenken ebenfalls ab. Die Deutsche Gesellschaft für Ernährung (DGE) empfiehlt in ihrem »Job-Fit-Programm«: »Nicht nebenbei essen, sondern bewusst abschalten und Pause machen. Körper und Geist werden es mit neuer Frische danken.« Während Wassertrinken dauerhaft munter macht und damit als Begleiter beim Lernen hilfreich unterstützt, ist die Naschbar auf dem Schreibtisch eher kontraproduktiv. Bei kleinen Müdigkeitsattacken hilft stilles Wasser nachhaltiger als schwarzer Tee oder Kaffee, die nachweislich beide nur Kurzzeitwirkung haben. Und gleichzeitig ist das Wasser der Aktivator für die Tätigkeit unserer Neuronen.

Pausen zelebrieren

Für die Pausen bewusst aufstehen und überlegen, was der genussvolle Snack für Zwischendurch sein kann. Jetzt entdecken, wie er schmeckt, wie sich die einzelnen Aromen auf der Zunge ausbreiten und dafür Zeit einplanen. Die Kür ist, dabei hinzuspüren, welche Gefühle sich einstellen – diese Pausen halten länger vor.

Fazit

Wenn wir erkennen, welche Störfaktoren uns ablenken und wie stark unser Lernerfolg davon abhängig ist, können wir in Zukunft darauf achten, diese zu vermeiden oder Alternativen entwickeln.

Fazit

Die Vorbereitung:

Der Arbeitsplatz sollte so lernförderlich wie möglich gestaltet werden. Dazu gehört das Bereitlegen der benötigten Materialien zu Beginn, damit Sie nicht während des Lernens aufstehen müssen, um zum Beispiel Stift und Papier für

Notizen zu holen. Ablenkung vermeiden, heißt auch, unwichtige Materialien aus dem Arbeitsbereich zu verbannen.

Für die Grundbedürfnisse
wie Hunger oder Schlaf werden feste Pausen eingeplant. Wenn Sie diese als Belohnung sehen, lässt dies motiviert mit neuer Energie wieder starten. Pausen einzulegen gilt auch dann, wenn die Konzentration nachlässt.

8. Die Garantie für Konzentration
ENTSPANNUNG

Augen schließen, ganz ruhig und tief durchatmen, bis zehn zählen und die Augen wieder öffnen, ist eine Möglichkeit.[45] Wenn sich während dieser Übung Gedanken einstellen, dann nehmen Sie diese einfach wahr, überlegen Sie, ob Sie bei den Gedanken verweilen oder zum tiefen Atmen zurückkehren wollen.

Eine weitere Übung, die immer »im Laufen« genutzt werden kann, ist eine der vielen Gehmeditationen von dem Zenmeister Thich Nhat Hanh. Er übersetzte in wunderbarer Weise die Zen-Philosophie für den Bewohner der Industrieländer. Das Ergebnis sind Meditationen, die sich mit Leichtigkeit in unseren Alltag integrieren lassen:

»Ja. Ja.– Danke. Danke.« – Gehmeditation

Während Sie in Ihrem Rhythmus gehen, sagen Sie lautlos, wie zu sich selbst: Ja (ein Schritt). Ja (zweiter Schritt). Danke (dritter Schritt). Danke (vierter Schritt). Das wiederholen Sie so oft, wie Sie mögen.

Wenn in dieser Meditation Ihre Gedanken zurückkehren, entscheiden Sie, sobald Sie es wahrnehmen, was Sie wollen: bleiben Sie an den Gedanken oder kehren Sie zur Meditation zurück.

Meditation

Eine US-Studie belegt, dass sich bei Schülern nach 20 Minuten Laufen sowohl die Aufmerksamkeit erhöht wie auch die kognitive Leistung verbessert. So belegen Hirnstrommessungen, dass die Kinder nach dem Gehen störende Einflüsse von außen besser ausblenden konnten und zum Beispiel ihre Leseleistung so verbesserten, dass es etwa einer Schulnote entspricht.[46]

Doch warum in die Ferne schweifen ... Eine Teilnehmerin in einem unserer Workshops integrierte es in ihr Walking-

Programm, ein Manager ließ dafür das Auto stehen und lief täglich mit dieser Meditation den Weg zum Büro. Was hatte sie so motiviert?

Manche unserer Teilnehmer entdecken bei dieser Meditation ein inneres Lächeln, eine tiefe Ruhe, ein Innehalten der Gedanken, ein In-sich-Balancieren ...

Was haben Sie entdeckt?

Frage

_____

_____

_____

_____

Gedanken lenken

Wer kennt sie nicht? Störende Gedanken wie »Jetzt habe ich beim Einkauf die Milch vergessen!« oder »Ich muss noch dringend Hans anrufen!« usw. Was tun? Ein Blatt am Arbeitsplatz (oder neben dem Bett) bereitlegen, auf dem ich diese Gedanken aufschreibe. Und zu einem festen Zeitpunkt Termine für das Erledigen einplane.

Störungen integrieren

Natürlich können Störungen nicht immer vermieden werden. Der Baulärm kann nicht abgestellt werden, private Probleme lassen sich nicht immer verdrängen. Auch hier macht Übung den Meister. Störquellen rechtzeitig zu erkennen und konsequent mit gezielten Maßnahmen oder Übungen zu begegnen, heißt ganz im Sinne der Neurowissenschaft, eine neue Datenautobahn für Störfälle zu bauen.

Training

Übung:

»Umarme deinen Tiger« ist auf den ersten Blick eine für unseren Kulturkreis ungewöhnliche Strategie, um mit unangenehmen Begleitumständen umzugehen. So können Sie zum Beispiel unliebsame Geräusche ad acta legen. Sind Sie experimentierfreudig? Dann probieren Sie es einfach.

Was geschieht, wenn Sie diese Geräusche in Ihre Arbeit »integrieren«? Wie mein Schreibtisch, an dem ich sitze, mein Computer, an dem ich schreibe, gehört auch der Motorenlärm auf der Straße zu meiner Arbeitssituation. Ich lasse ihn vorbeiziehen. Mit seinen lauten und leisen Tönen begleitet er mich im Hintergrund...

Übung

Unseren Körper als Verbündeten gewinnen

Die Progressive Muskelrelaxation dient der Muskelentspannung und kann sowohl im Liegen wie auch im Sitzen durchgeführt werden. Es geht darum, den eigenen Körper zu spüren und den Unterschied zwischen Anspannung und Entspannung deutlich wahrzunehmen.

Meditation

Vorbereitung:

* Gestalten Sie Ihre Umgebung so ruhig wie möglich. Nutzen Sie einen Raum, den Sie für die geplante Zeit nur für sich haben. Sagen Sie den Menschen in Ihrer Umgebung, dass Sie sich eine »Auszeit« nehmen und so lange nicht gestört werden wollen. Vielleicht können Telefon und Klingel ausgeschaltet werden. Wenn nicht, machen Sie sich bewusst, dass Sie in den nächsten Minuten nur an sich und Ihren Körper denken. Sollte das Telefon oder die Türglocke läuten, Sie werden in dieser »Auszeit« nicht darauf reagieren.

- Wenn Sie mögen, können Sie sich während der Übung Entspannungsmusik anhören. Sanftes Meeresrauschen oder liebliche Vogelstimmen können helfen, den Kopf frei zu bekommen, und tragen Sie langsam in Ihre Entspannung.

Durchführung:

Meditation

- Je nach Möglichkeit legen Sie sich hin oder setzen sich. Es sollte so bequem wie möglich sein. Wenn Sie liegen, legen Sie Ihre Arme locker neben den Körper und die Beine liegen locker ausgestreckt. Die Füße fallen natürlich nach außen. Wenn Sie sitzen, ist ein Stuhl mit Rücken- und Armlehne vorteilhaft. Lehnen Sie den Rücken an, legen Sie Ihre Arme locker auf die Lehne, und die Beine stehen etwa hüftbreit auseinander.

- Zunächst konzentrieren Sie sich auf Ihre Atmung. Atmen Sie ganz bewusst ein und aus – tief in den Bauch – und spüren Sie, wie Sie ruhiger werden.

- Schließen Sie die Augen und führen Sie die jetzt folgenden Schritte in dieser Reihenfolge durch: Nach jedem dieser Schritte folgt eine Pause: Spannen Sie die entsprechenden Muskeln ca. fünf bis acht Sekunden an, anschließend machen Sie eine Pause zur Entspannung von ca. 30 bis 40 Sekunden.[47] Spüren Sie dabei immer genau hin – wie fühlt sich der Unterschied zwischen Anspannung und Entspannung an, wie ist der Unterschied z.B. zwischen rechtem und linkem Arm?

- Spannen Sie die rechte Hand zur Faust an. Dabei können Sie den Arm ein wenig vom Boden abheben, bzw. von der Stuhllehne.

- Entspannen
- Pause

- linke Hand zur Faust ballen
- Entspannen
- Pause

- rechten Oberarm anspannen
  Winkeln Sie den rechten Arm an und spannen Sie den Oberarm. Halten Sie die Augen geschlossen und konzentrieren Sie sich auf Ihren Körper. Spüren Sie genau hin.

- Diesen Ablauf (Anspannen – Entspannen – Pause) führen Sie jetzt mit jedem Schritt durch.

- linken Oberarm anspannen

- rechte Ferse in den Boden drücken
  Ziehen Sie die Fußspitze nach oben und drücken Sie die Ferse fest in den Boden.

- linke Ferse in den Boden drücken

- Po anspannen

- Bauchmuskulatur anspannen

- Schultern nach hinten unten ziehen

- Alternativ: Wenn Sie auf einem Stuhl sitzen, nehmen Sie jetzt eine gerade Haltung ein: Die Beine stehen hüftbreit auseinander, die Knie sollten nicht über die Fußspitzen ragen. Strecken Sie Ihren Oberkörper (machen Sie sich groß – aber kein Hohlkreuz), der Kopf ist gerade und schaut nach vorne (die Augen bleiben geschlossen). Nun ziehen Sie Ihre Schultern nach hinten unten.

- Wenn Sie liegen, bleiben Sie in der Position, die anfangs beschrieben wurde: die Arme neben dem Körper, der Kopf ist gerade, die Beine liegen flach auf, die Füße fallen natürlich nach außen. Versuchen Sie auch hier, ein Hohlkreuz zu vermeiden, indem Sie Ihr Becken nach hinten schieben. Schieben Sie Ihre Schultern nach unten, Richtung Po.

- Die gleiche Sitz- bzw. Liegeposition gilt für diesen Schritt: Schultern nach oben ziehen

- Kopf in den Boden drücken
  Dieser Schritt ist im Liegen auszuführen. Sie liegen ganz entspannt und drücken Ihren Kopf in den Boden. Achten Sie darauf, dass Ihr Kopf gerade ist.

- Eine Variation für die sitzende Position:
  Spannen Sie die Halsmuskulatur an, indem Sie Ihren Hals strecken.

- Kopf anheben
  Gleiches wie bei dem Schritt zuvor gilt an dieser Stelle. Doch statt den Kopf in den Boden zu drücken, heben Sie ihn ein wenig an.

- Nun kommt das Gesicht an die Reihe – auch dieses muss mal entspannt werden.

- Augenbrauen nach oben ziehen

- Grimasse schneiden
  Machen Sie Ihren Mund spitz, ziehen Sie die Augenbrauen zusammen und rümpfen Sie die Nase.

Es ist wichtig, dass

- Sie nach jedem Schritt eine Entspannungspause einlegen,

- während dem Anspannen bestimmter Muskeln der Rest Ihres Körpers entspannt bleibt[48] und

- bevor Sie aufstehen, Sie sich richtig recken und strecken und dann langsam aufstehen.

Wer will, kann in einem fortgeschrittenerem Stadium der Übung einzelne Schritte miteinander kombinieren. Beispielsweise können Arme und Hände oder Bauch und Po gemeinsam angespannt werden.

Es ist nicht zwingend notwendig, dass Sie nach genau dieser Reihenfolge vorgehen. Vielleicht können Sie sich den Ablauf besser merken oder sich besser entspannen, wenn Sie statt mit den Armen mit dem Kopf oder den Füßen beginnen. Probieren Sie es aus – und finden Sie für sich die richtige Reihenfolge.

Sie können sich die Anleitung vorlesen lassen, während Sie diese Übungen durchführen. Natürlich können Sie sich auch beim lauten Lesen aufnehmen (Diktiergerät o.ä.) oder die einzelnen Schritte im Vorfeld mehrmals lesen und sich dadurch einprägen. Sie werden den Ablauf sehr schnell gelernt haben.

Training

9. Lernreise erster Klasse:
ANGST UND STRESS NUTZEN

Stress und Angst – eine besondere Art von Stress – sind nicht sonderlich lernförderlich, da sie viel geistige Kapazität verbrauchen, die besser für das Lernen genutzt werden kann.[49]

Frage

Woran erkenne ich Stress?

❏ Ich bin unkonzentriert.

❏ Ich kann schlecht schlafen.

❏ Ich bin oft lustlos.

❏ Ich habe Angst (vor dem Lernen an sich oder übertragen vor etwas anderem).

❏ Ich bin leicht aggressiv.

❏ Ich ziehe mich zurück.

❏ Mir wird schlecht, etwas liegt mir auf dem Magen.

❏ Ich mache etwas anderes (Übersprungshandlung) und komme nicht zum Lernen.

❏ In bestimmten Situationen zieht sich mir der Magen zusammen und/oder ich habe Atembeschwerden oder ich fühle mich beklommen.

Sobald ich lerne,
❏ werde ich müde,
❏ bekomme ich Kopfschmerzen,
❏ bekomme ich Hunger und/oder Lust auf Süßes/Saures.

Welche Möglichkeiten gibt es, mit diesen Stresssituationen umgehen oder sie gar nicht erst aufkommen zu lassen? Oft reichen Fragen, die ich an mich stelle – und beantworte!

Übung

Woran denke ich am häufigsten?

_____

_____

_____

Welches Gefühl taucht auf (Angst, Furcht, Wut, etc.)?

_____

_____

Wo im Körper fühle ich diese Emotion?

_____

_____

Kenne ich dieses Gefühl bereits?

_____

_____

Wenn ja: Was habe ich getan, um dieses Gefühl loszulassen?

_____

_____

Wenn nein:

_____

_____

Übung

Atemübung:

- Halten Sie die Situation, die Sie stresst, an und dann: Setzen Sie sich bequem hin und schließen Sie die Augen (wenn Sie wollen). Atmen Sie dreimal tief ein – bis Sie Ihren Atem im Bauch spüren. Machen Sie nun eine Pause. Dann atmen Sie tief aus, am besten mit einem gehörten »F« auf den Lippen. Spüren Sie und hören Sie hin, bis alle Luft aus dem Körper ausgetreten ist.

- Pause und wieder einatmen.

- 3 x wiederholen

- Jetzt wiederholen Sie diesen Atemvorgang und atmen in die Körperstelle, an der Sie das Gefühl wahrgenommen haben, und atmen bewusst dieses Gefühl aus.

- 6 x wiederholen.

- Jetzt starten Sie neu, indem Sie sich neu »sortieren«.

Übung »Bewusstmachen«

Für die Leser unter Ihnen, deren Verstand zuerst »Futter« braucht, kann diese Übung genutzt werden. Stellen Sie sich folgende Fragen:

Warum mache ich mir gerade ein schlechtes Gefühl?

_____

_____

_____

Frage

Ist das sinnvoll?

_____

_____

(Hier werden Sie sicherlich mit »Nein« antworten können.)

Was wäre sinnvoller?

_____

_____

_____

(Angebot: angenehme Gefühle zu erzeugen)

Warum ist das sinnvoller?

_____

_____

Weil ich mit angenehmen Gefühlen leichter lerne ...

Oft reicht dieses Bewusstmachen. Es könnte allerdings sein, dass Sie sich dennoch fragen: »Wie entwickle ich positive Gefühle, wenn es mir schlecht geht?«

Übung

Übung »Moment Of Excellence«

Diese Übung öffnet die Türen zu den aktuell weniger präsenten Gefühlen:

In welcher Situation habe ich mich besonders wohl gefühlt?

_____

_____

_____

_____

_____

Was habe ich in dieser Situation gesehen?
In welchem Raum oder in der Natur oder ...?
Welche Menschen haben mich begleitet?

_____

_____

_____

Was habe ich gehört (welche Stimmen, vielleicht auch meine eigene Stimme, welche Geräusche, ...)?

_____

_____

_____

Was habe ich gerochen (vielleicht den Duft von Kaffee, Blumen, Parfüm usw.)?

_____

_____

_____

Was habe ich mir gemerkt (vielleicht habe ich etwas gegessen, getrunken, ...)?

_____

_____

_____

Und wie fühle ich mich dabei?

_____

_____

Jetzt ankern Sie diese Situation, vielleicht durch ein Bild, durch eine Zeichnung, eine Bewegung, was auch immer Ihnen gerade in den Sinn kommt. Nun können Sie durch diesen Anker dieses Gefühl jederzeit wieder »hervorholen«. Je öfter Sie dies tun, desto schneller erleben Sie dieses Gefühl.

Training

Durch neurowissenschaftliche Forschung ist bekannt, dass diese Übungen, wenn sie regelmäßig angewandt werden, mehr und mehr das negative Gefühl verdrängen und sich in der Situation mit dem positiven Gefühl verbinden.

Und was können Sie tun, bevor Sie starten?

Stress raus – Pausen rein

Wenn ich weiß, dass ich nächste Woche zwei Stunden nach Dienstschluss ein Seminar habe, das mich im Umgang mit einer neuen Maschine am Arbeitsplatz vertraut machen soll, ist es ungünstig, sich vor diesen Termin eine wichtige Verabredung zu legen. Was sich so vermeintlich »naiv« anhört, wird oft als Verhalten wahrgenommen, das eigentlich »entstressen« soll: eine möglichst dichte Taktung in der Zeitplanung, um keine Minute zu verlieren. Tatsache ist, dass gerade diese Abfolgen einen erhöhten Stressfaktor darstellen. Die Anstrengung, möglichst punktgenau zu handeln, löst Stress aus und reduziert die Konzentrationsfähigkeit. Und wie negativ sich Stress auf die Konzentration und die Motivation ausüben kann, kennt wahrscheinlich jeder von uns.

Erkenntnis

Wichtig ist, den Einstieg in die Lernsituation so ideal wie möglich zu gestalten. Auch hier ist das Schlüsselwort »Pausen einplanen«, zum Beispiel, indem ich mir zwei Stunden vor dem Seminar frei halte oder bewusst eine Pause zwischen die Termine setze – und wenn es eine genussvolle Kaffeepause ist.

Vorabinformation ist ein weiterer Stresskiller. Hier in diesem Fall kann es das Einlesen über die Funktionsweise der neuen Maschine sein. Damit kann ich im Seminar besser folgen und nehme mir die Angst vor dem vollkommen Neuen.

Oft sind wir selbst die »Planer« unserer Stresssituationen. Zu einem sinnvollen Zeitmanagement gehört auch, sich realistische Ziele zu setzen (siehe Kapitel »Mit Zielen motivieren«), um sich nicht selbst zu überfordern und günstige Bedingungen für den Lernprozess zu schaffen.

»**Gedankenflüge**« können helfen, aufkommende Angst zu überwinden. Zurücklehnen, Augen schließen und in Gedanken eine schöne Reise unternehmen oder an einen besonders glücklichen Moment denken – das entspannt und hilft, negative Gefühle zu verringern.[50]

Erkenntnis

Das A und O für das Entdecken und Abbauen von Stressoren in den Lernbedingungen ist die persönliche Selbsteinschätzung. Damit öffnet sich der Weg zu den individuellen Lernstrategien.

Fazit:
Diese Entlastungsstrategien helfen mit, meine Lernbedingungen zu optimieren. Dazu ist es wichtig, konkret über mein persönliches Lernverhalten Bescheid zu wissen.

Fazit

10. Topp, die Zeit gilt!
ZEITMANAGEMENT

Autoren: Claudia Härtl-Kasulke, Loreen Kellermann

Was tun, wenn wir uns beim Lernen nicht nur auf eine Aufgabe konzentrieren können? Parallel auf mehrere Prüfungen vorbereiten, arbeiten, uns um die Familie kümmern, dies stellt uns vor besondere Herausforderungen. Und die für unsere Kreativität wichtige Freizeit will auch eingeplant sein. Wann ist es sinnvoll, mit Zeitplänen zu arbeiten?

Wir befinden uns in der Situation, dass wir verschiedene Aufgaben parallel erledigen müssen oder enge Zeitachsen für die Umsetzung haben. Deutliche Zeichen für die Notwendigkeit und den Nutzen einer individuellen Zeitplanung sind:

- Das Lernen, Bearbeiten von Aufgaben erfolgt unsystematisch und dadurch werden immer wieder Dinge vergessen.
- Termine werden nicht oder nur schwer eingehalten.
- Je näher der Termin rückt, desto mehr entstehen Zeitdruck und Versagensängste und dadurch oft Lernblockaden.

Unter solchen Umständen kann Lernen der reine Stress sein. Ein gut überlegter Zeitplan hilft, den Überblick zu behalten und die Aufgaben in »Portionen« einzuteilen.

Dabei ist es wichtig,
- den eigenen Biorhythmus zu beachten,
- Ziele und Teilziele zu formulieren und zu terminieren,
- Prioritäten zu setzen,
- die Zeit, die für die einzelnen Aufgaben benötigt wird, realistisch einzuschätzen,
- zu wissen, wie groß die »Lernportionen« sein dürfen,
- hohes Arbeitsaufkommen zu vermeiden.

Training

Das eigene Lernverhalten zu kennen, ist Voraussetzung für gute Zeitpläne. Die Familieneinkäufe am Vormittag zu erledigen und sich den Nachmittag zum Lernen frei zu halten ist zwar ein guter Plan, doch eher ineffektiv, wenn ich am besten vormittags lernen kann und am Nachmittag ein Konzentrationstief habe.

Aus eigener Erfahrung weiß ich, dass das Erstellen von Zeitplänen besonders zu Beginn eine Herausforderung ist. Ich kann noch nicht genau einschätzen, wie viel Zeit ich für bestimmte Aufgaben brauche. Immer wieder plane ich viel zu wenig oder – in seltenen Fällen – zu viel Zeit ein. Ich weiß noch nicht, wie viele Aufgaben ich parallel bewältigen kann, wie viele Pausen ich brauche und wie lange diese sein müssen.

Bei jedem Zeitplan ist es wichtig, Reserven zu lassen. Es kann immer etwas Unvorhergesehenes passieren. Man wird krank, es kommt eine zusätzliche Aufgabe hinzu oder man braucht einfach mal eine Pause. Der Zeitplan sollte das kompensieren können.[51]

Erkenntnis

Eine Faustregel besagt, zu der Zeit, die man für eine Aufgabe einplant, noch einmal 40% Zeit hinzuzurechnen. Doch es gilt: »Übung macht den Meister«. Je mehr Zeitpläne man erstellt und immer wieder reflektiert, was stimmte und was noch Veränderung braucht, desto besser und genauer wird die Planung.

Zum Start hilft es, für den schnelleren Überblick ein **Lerntagebuch** über die verschiedenen Tagestätigkeiten zu führen. Am Ende des Tages, der Woche oder des Monats entsteht so ein Überblick, wie viel Zeit welche Aufgabe benötigt. Dies hilft, sich selbst besser einzuschätzen und »Zeitverschwender« ausfindig zu machen.[52]

Eine Variante zu diesem Tagebuch ist es, den Tag **abends zu reflektieren.** Und sich die Stärken der eigenen Planung bewusst zu machen, um sie konkret für die Planung des kommenden Tages zu nutzen.

Exkurs: Lerntagebuch

Exkurs

Ich habe mir eine schöne Kladde gekauft, in die es mir Freude macht, meine Lernerfolge einzutragen. Jeden Abend vor dem Schlafengehen, schreibe ich mir mindestens drei Erfolge auf, die ich an diesem Tag beim Lernen hatte. Das können durchaus vermeintlich kleine »Dinge« sein, wie: »Ich habe beim Lernen an meine Pausen gedacht und sie auch umgesetzt.«

Wichtig ist dabei, dass ich mir die Erfolge bewusst mache. Sie kennen es ja schon, auch Datenautobahnen für negatives Verhalten können schnell aufgebaut werden. Und wenn mir etwas nicht so gelungen ist, sollte ich das nicht durch Gedanken bestrafen, indem ich mit mir schimpfe, wie »Das ist ja blöd, dass…; das darf mir nicht wieder passieren ...«, etc. Beispiel: Wenn ich an meine geplante Pause zwar gedacht, doch sie nicht umgesetzt habe, schreibe ich in mein Lerntagebuch, dass ich an die Pause gedacht habe – was ja nicht immer der Fall ist – und dies deshalb als Erfolg gezählt wird. Und für den nächsten Tag nehme ich mir vor, die Pause auch wirklich umzusetzen.

Um die Datenautobahnen im positiven Sinn zu verstärken, »scanne« ich den ganzen Tag als Ablauf und schaue, fühle hin, welche Situationen mir besonders Freude bereitet haben und notiere sie mir als »Belohnung«.

Damit ich meine Lernerfolge auch wirklich wahrnehme, mache ich mir morgens vor dem Start eine Liste (siehe dazu Kapitel »Bei mir ankommen«).

Ergebnis: Seit ich das Lerntagebuch führe, entdecke ich wesentlich mehr die Dinge, die mir Freude bereiten, als den Stress, die Probleme, die Irritationen ... Und: Dinge, die ich lerne möchte, etablieren sich schneller im Alltag.

Auch die Vorlage auf der nächsten Seite kann für das Lerntagebuch genutzt werden. Wenn Sie diese Tabelle jeden Tag ausfüllen, werden Sie schnell herausfinden,

- welche Lernerfolge Sie über den Tag verteilt haben,
- wie viel Zeit Sie für die verschiedenen Aufgaben benötigen und
- welche Zeitverschwender sich im Laufe des Tages einschleichen.

Schreiben Sie darin alles nieder, was Sie an den einzelnen Tagen erledigt haben, von wann bis wann Sie an der Arbeit waren, wann Sie Zeit für die Familie, den Haushalt, das Lernen verwendet haben. Auch Fahrtzeiten oder die Freizeit sollten vermerkt werden.

Auf der folgenden Doppelseite finden Sie ein Beispiel für das Anlegen eines Lerntagebuchs.

Übung

Zeitaufzeichnung: Was habe ich gemacht?[53]

Wochentag _____

6–7 Uhr			
7–8 Uhr			
8–9 Uhr			
9–10 Uhr			
10-11 Uhr			
11–12 Uhr			
12–13 Uhr			
13–14 Uhr			
14–15 Uhr			
15–16 Uhr			
16–17 Uhr			
17–18 Uhr			
19–20 Uhr			
20–21 Uhr			
21–22 Uhr			
22–23 Uhr			
23–06 Uhr			

(Kopieren Sie diese Doppelseite für jeden Wochentag.)

Nachdem Sie nun alles aufgeschrieben haben, betrachten Sie Ihren Tag.

Übung

• Ich habe alles geschafft, was ich heute zu erledigen hatte.

Ja, weil:

_____

_____

_____

_____

Nein, weil:

_____

_____

_____

_____

• Heute fühlte ich mich entspannt.

Ja, weil:

_____

_____

_____

_____

Nein, weil:

_____

_____

_____

_____

- Heute fühlte ich mich gestresst.

Ja, weil:

_____

_____

_____

_____

Nein, weil:

_____

_____

_____

Mit dieser Zeitanalyse werden Sie sehr schnell Ihre Zeitverschwender ausfindig machen. Im nächsten Schritt heißt
es, Lösungen zu entwickeln, um aus Ihnen einen erfolgreichen Planer, eine erfolgreiche Planerin des eigenen Tages zu
machen. Und Sie können künftig Ihre positiven Anker, z.B.

Training

wie entspannt sein, erfolgreich das Pensum absolviert haben, genießen.

Frage

• Welche Zeitdiebe habe ich entdeckt und was ist mein Anteil?

Zeitdieb   Ursache

1. _____   _____

2. _____   _____

3. _____   _____

4. _____   _____

5. _____   _____

6. _____   _____

• Was kann ich in Zukunft dagegen unternehmen? Was vereinbare ich mit mir selbst?

1. _____

2. _____

3. _____

4. _____

5. _____

6. _____

Fazit:

Das persönliche Zeitmanagement braucht fürs gute Gelingen Rituale, Struktur und Loslassen. Wie dies im guten Mix aussehen kann, hat viel mit den individuellen Vorlieben zu tun. Bei der Auswahl und dem Modifizieren von Methoden ist es wichtig darauf zu achten, dass sie Freude machen, Neugierde wecken und die Experimentierlust anregen.

Fazit

11. Aufregend:
WAHRNEHMUNG

Wissenschaftler haben entdeckt, dass für unser Lernen die »Wahrnehmungskanäle« von besonderer Bedeutung sind und wir besonders gut lernen, wenn verschiedene Sinne angesprochen werden (siehe dazu auch Kapitel »Angst und Stress nutzen«: Übung »Moment Of Excellence«).

Exkurs

Exkurs: Die unterschiedlichen Lerntypen

Zum Lernen werden die verschiedenen Sinnesorgane genutzt. Über sie gelangen die Informationen in unser Gedächtnis. Dabei spielen nicht nur Augen, Ohren und das Fühlen eine Rolle, sondern auch Geruchs- und Geschmackssinn sowie der Muskelsinn sind wichtig. Durch das Training der Sportler wurde entdeckt, dass auch das Körpergedächtnis von Bedeutung ist.

Nicht alle Sinnesorgane werden von jedem Menschen gleich intensiv genutzt. So ergibt es sich, dass es unterschiedliche Lerntypen gibt, die die verschiedenen Sinneskanäle in unterschiedlichem Maße nutzen.

1. Der auditive Lerntyp
Dieser Typ bevorzugt Lernen durch Zuhören. Vorträge oder das Hören von Lern-CDs und Radioprogrammen sind sein Metier. Zum besseren Verständnis hilft es ihm, sich einen Text laut vorzulesen. Auch beim Auswendiglernen spricht er sich den Stoff laut vor. Der auditive Lerntyp führt oft Selbstgespräche beim Lernen und bevorzugt eine ruhige Umgebung, da er sich durch Geräusche in der Umgebung schnell gestört fühlt.

2. Der visuelle Lerntyp

Diesem Typ reicht Zuhören oder das Erklären durch andere alleine nicht aus. Bilder, Grafiken, Videos oder Animationen verstärken seinen Lernerfolg. Er nimmt seine Informationen über das Sehen auf. Dazu gehört auch das Beobachten von Handlungsabläufen. Bei Vorträgen schreibt er mit und arbeitet gerne mit Tafelbildern. Am besten erinnert er sich an das, was er selbst gelesen oder geschrieben hat und eine Verbindung von Wort und Bild darstellt. Mindmap (s.u.) ist eine Methodik, die das Lernen verstärkt. Durch das nichtlineare Notieren der Inhalte wird die linke und rechte Gehirnhälfte angesprochen. Die Verwendung von Symbolen stärkt die Merkfähigkeit.

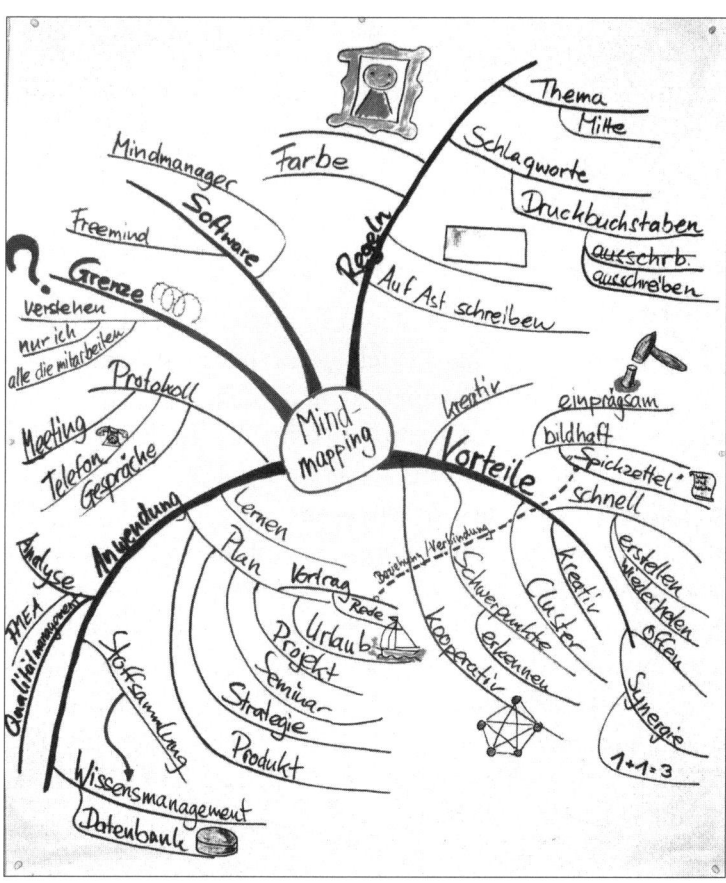

3. Der kinästhetische Lerntyp

Dieser Typ – auch motorischer Lerntyp genannt – lernt am besten, wenn er direkt in das Handlungsgeschehen einbezogen ist und die Abläufe selbst durchführen kann. Man spricht auch von »learning by doing«. Er will Erfahrungen selbst sammeln und nicht nur darüber lesen oder hören. Am leichtesten fällt ihm das Lernen durch Ausprobieren, Rollenspiele und Gruppenarbeiten. An Informationen, die er beim eigenen Handeln, Bewegen und Fühlen wahrgenommen hat, erinnert er sich am besten. Methodik, die sein Lernen verstärkt, ist »Training on the job«.

4. Der olfaktorische und der gustatorische Lerntyp

Diese beiden lernen über die Sinne Geruch und Geschmack. Während der olfaktorische den Lernstoff mit Gerüchen in Verbindung bringt, dient dem gustatorischen der Geschmack als eine Art Eselsbrücke zum Lerninhalt. Sein Motto ist »Liebe geht durch den Magen«.

Erkenntnis

Zusammenfassung:

Die Lerntypen existieren kaum in ihrer Reinform. »Wahrscheinlich gibt es genauso viele Lerntypen, wie Lerner existieren.«[54] Da wir prinzipiell kein Ausschlussverfahren bei unseren Wahrnehmungskanälen kennen – sondern nur eine besondere Akzentuierung –, ist Lernangebot ideal, wenn alle unsere Sinne angesprochen werden.

Damit werden verstärkt spürbare, bildliche, gedankliche Verknüpfungen mit den Inhalten hergestellt. Das hilft beim Erinnern. In dieser Kombination von Wahrnehmungskanälen ist es besonders wirkungsvoll, wenn der Wahrnehmungskanal mit der persönlichen Präferenz verstärkt genutzt wird. Zum Beispiel erinnern wir uns durch ein Einpackpapier einer Schokolade an den Geruch oder den Geschmack usw.

Lerntyptests und die genaue Selbstreflexion zeigen uns, mit welchem Kanal wir am besten arbeiten können.

Mit der Kenntnis, welcher Lerntyp wir sind, können wir Lernen effektiver gestalten, indem wir bewusst wählen:

Training

- Lernmaterialien: Hörbücher für Auditive; mit Fotos illustrierte Texte für Visuelle; Lernspiele für Menschen mit der Präferenz auf dem kinästhetischen Ansatz.
- Lernmethoden: Vorträge mit Beamer für Auditive und Visuelle, erfahrungsorientiertes Lernen für kinästhetisch Lernende.
- Lernbegleiter – ob Coach oder Trainer: Hier ist darauf zu achten, dass Sie entsprechende Angebote für die Teilnehmer machen, um die Aufnahme der Lerninhalte zu verstärken.

Das ist nur eine Auswahl. Hinzu kommt, dass sich durch das Ansprechen der Wahrnehmungskanäle
- die Konzentration, Motivation und Behaltensleistung erhöht,
- das Lernen mit Abwechslung mehr Spaß macht,
- die spielerischen Elemente, die sich in dieser Vorgehensweise wiederfinden, unsere frühen Lernerfahrungen ansprechen und zusätzlich als Lernverstärker wirken.

Wichtig ist dabei, dass wir bewusst Rituale und Lernkreisläufe nutzen, wie sie zum Beispiel in der Suggestopädie zu finden sind. In den 1960er Jahren hat der Arzt und Psychologe Georgi Lozanov diese Lernmethode entwickelt. Im Wesentlichen besteht sie aus einem Lernkreislauf, der Entspannen, Informationen spielerisch aufnehmen und Lernerfolge ritualisiert gestaltet. Der Lernende handelt in Selbstverantwortung und der Lernbegleiter in positiver Grundhaltung.

Damit wird das verhindert, was Metzger als Verlust der Konzentration auf das Wesentliche formuliert, wenn die Ansprache der verschiedenen Kanäle willkürlich erfolgt.[55]

Exkurs

Exkurs: Suggestopädie – das Lern-Ambiente zum Fühlen

Nicht dass Sie denken, wir wollen Ihnen jetzt etwas vorstellen, das mit Suggestion einhergeht. Suggestopädie hat auch keine Nähe zu Hypnostrategien oder zum Suggerieren. Der Name ist Programm, wenn wir ihn mit dem englischen Begriff »suggest« (vorschlagen) verbinden. Denn diese von dem Arzt und Psychotherapeuten Dr. Georgi Lozanov entwickelte Lehr- und Lernmethode stellt den Durchführenden einen bunten Blumenstrauß an Vorschlägen zusammen, wie sie ihren Lernprozess

* entspannt und mit einem
* Spannungsbogen und
* Energie aufbauenden Elementen gestalten können.

Wie man Kernelemente der Suggestopädie – z.B. Musik, Spiele, Raumgestaltung und die gestalterische Auseinandersetzung mit dem Lernstoff durch dramaturgische und bildnerische Elemente – auch ganz einfach bei sich zu Hause für sich selbst ausprobieren kann, zeigt folgendes Beispiel aus meiner persönlichen Lerngeschichte.

Wir stellen Ihnen hier das zentrale Element, den Lernkreislauf vor (Abb. siehe nächste Doppelseite) und entwickeln eine Idee, was Sie alles damit machen können.

Auf den ersten Blick schaut es so aus, als ob dies nur eine Lernmethode für Gruppen sei. Doch ganz im Gegenteil. Allein durch das spielerische Beschäftigen mit den sechs Phasen des Lernkreislaufes erübrigt sich schon das Lernen als klassisches »Ich setze mich hin und pauke«. Diese Methode ist sowohl für Faktenlernen wie auch für Soft Skills nutzbar.

Lassen Sie mich kurz einen Kreislauf in der gebotenen Kürze eines Exkurses vorstellen. Ich habe ihn selbst entwickelt und genutzt, als sich bei mir die Nackenhaare aufstellten, weil ich fürs Studium Alt-Italienisch lernen musste. Es ist das Italienisch, das etwa in der Zeit des Dichters Alighieri Dante (1265–1321) gesprochen wurde.

Beispiel

Ich startete nicht etwa mit dem Vokabelheft, sondern ich entwickelte für mich einen suggestopädischen Lernkreislauf. Ich überlegte mir, was ich in welchem Schritt tun konnte, um den Druck herauszunehmen und damit das Lernen eher als Abenteuer zu erleben.

Ich musste kunsthistorische Texte aus dieser Zeit übersetzen und kommentieren können. Klar war mir: Ich brauche bestimmte themenzentrierte Vokabeln, das Basiswissen zum Satzgefüge und Grundkenntnisse in der Grammatik. Soweit zur Zielsetzung. Ich stellte mir zunächst die Themenfelder zusammen, und für jedes Feld gab es zusätzlich einen Schwerpunkt in Satzstruktur und Grammatik.

Das waren die ersten strategischen Überlegungen, wie ich mein Lernkonzept aufstellte. Die Themenfelder ergaben sich aus den alt-italienischen Texten, die ich übersetzen und kommentieren musste. Das zeitgenössische Italienisch war mir bis dato nur im Urlaub begegnet.

Dann fing ich an, die Schritte des Lernkreislaufes zu definieren und zwar so, dass ich mir nicht für jedes Thema neue Schritte kreieren musste, sondern das Fundament immer wieder nutzen konnte.

Ich hatte mir überlegt, dass ich fiktiv Dante als meinen Lernbegleiter wählte.

1. Hinführung zum Thema – Dante sensibilisiert mich für das Thema

Beispiel

Dazu entwickelte ich einen geschriebenen Dialog zwischen Dante und mir, in dem mir der Dichter das Wesentliche vorstellte (Thema und Umfeld, erst mal auf Deutsch. Netterweise hat er sich für mich in meiner Sprache schlau gemacht).

Ergebnis: Allein durch diese Vorbereitung hatte ich das Thema, zum Beispiel die sieben freien Künste (Artes Liberales im 13. Jahrhundert) verinnerlicht.

2. Präsentation der Inhalte – Dante macht mich mit den Lerninhalten vertraut

Dazu recherchierte ich die Vokabeln für dieses Thema in den Texten, die mir vorlagen. Ich sprach aufs Band, versetzte mich in die Person des Dichters und überlegte mir, was mir Dante nahelegen würde, womit ich mich befassen soll. Dazu gehörten die wesentlichen Wörter für das Thema auf Alt-Italienisch und die ersten Informationen zu Satzstrukturen.

Ergebnis:
• Schon durch die Vorbereitung war mir vieles von den Wörtern und dem thematischen Umfeld geläufig und ich hatte völlig vergessen, dass ich lerne.
• Da ich es aufs Band gesprochen hatte, konnte ich diese Texte immer wiederholen.

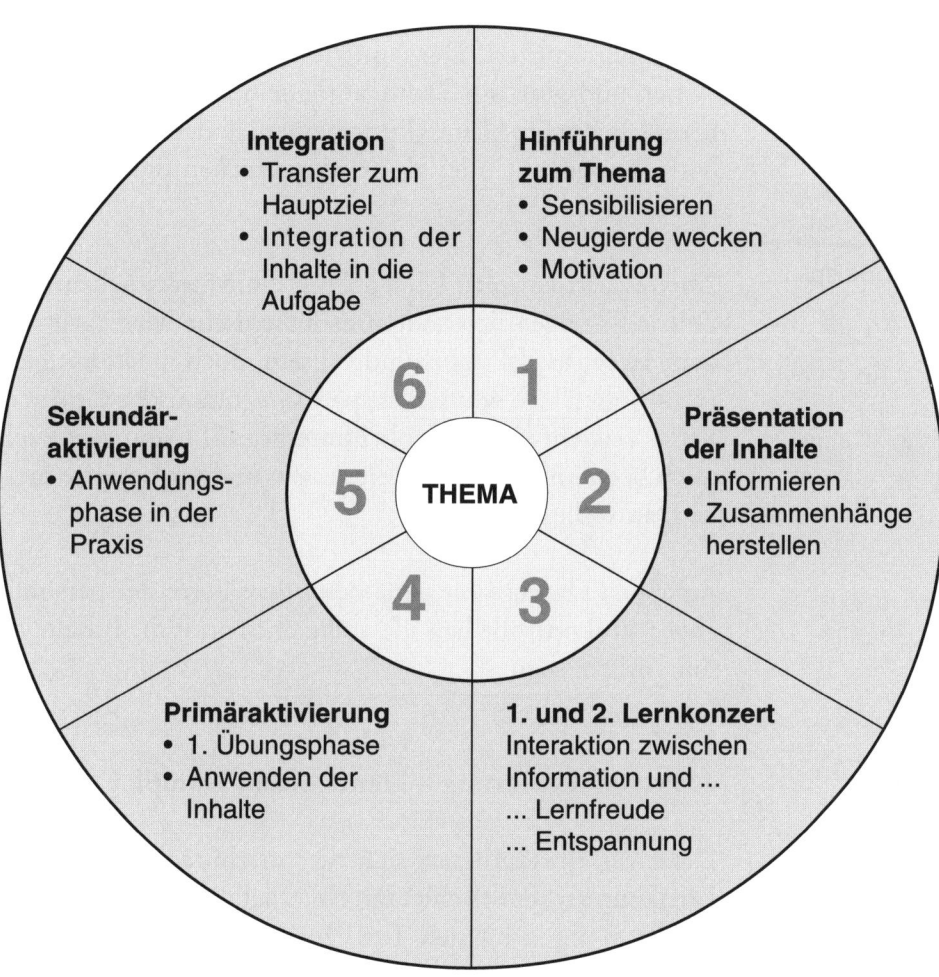

Suggestopädischer Lernkreislauf

3. Erstes und zweites Lernkonzert – Dante macht's spannend

Beispiel

Erstes Lernkonzert. Dazu nutzte ich kleine Sätze aus den Texten und ging mit Dante auf eine besondere Phantasiereise. Ich machte kleine Illustrationen, in denen Dante (ich hoffe, er verzeiht mir) als Strichmännchen die Sätze vorstellte.

Zweites Lernkonzert: Ich legte mir ein Musikstück aus der Zeit auf – eigentlich sollten es italienische Madrigale aus dem Trecento (14. Jahrhundert) sein, doch die konnte ich nicht finden – so wurden es späte Gregorianische Gesänge. Leise, versteht sich, nur als Hintergrund. Dann setzte ich mich bequem hin, schloss die Augen und memorierte meine Dante-Illustrationen.

Ergebnis: Durch diese ganz besondere Form der persönlichen Lernkontrolle ließ ich völlig entspannt die Inhalte an mir vorbeiziehen.

4. Primäraktivierung – Dante macht Dampf

Dazu verselbständigten sich die Strichmännchen (erstes Lernkonzert) und es entstand ein Spiel. Dante gegen mich. Ich hatte einen kleinen Text. Immer wenn ich etwas im Wörterbuch nachschauen musste, erhielt Dante einen Punkt. Immer wenn ich einen Satz sinngemäß übersetzt hatte, wurde ihm wieder ein Punkt abgezogen.

Ergebnis: Ich freute mich diebisch, als ich nach dem dritten Spiel gewann und eigentlich war nur eins geplant. Haben Sie schon mal gegen einen Dichter und Philosophen gewonnen? Wirklich ein ganz besonderes Erlebnis.

5. Sekundäraktivierung – Dante sagt »nein danke«

Und warum sagte mein Dichter, der mich nun immerhin schon vier Schritte lang begleitet hatte, »nein danke«? Er hatte keine Lust auf Fremdsprachen! Denn hier hatte ich als Idee, verwandte Wörter im Deutschen und Englischen zu finden. Und zwar in den zeitgenössischen Sprachen.

Das Arbeiten war wie ein Kreuzworträtsel. Ich suchte Begriffe und notfalls schlug ich nach. Ich gab mir Punkte mit einem Belohnungssystem. Für jeden Begriff, zu dem ich selbständig in einer Sprache Übersetzungen gefunden hatte, gab's einen Punkt. Und wenn ich 10 Punkte erreicht hatte, gab's eine Belohnung.

Ergebnis:
Ich hatte zusätzlich durch diesen Transfer die Wörter verankert.

6. Integration – Dante spielt Theater

Dazu entwickelte ich ein kleines Theaterspiel mit meinen sieben Künsten (Artes Liberales), dem ersten Lernthema, das ich mir ausgesucht hatte. Dante war der Protagonist, und ich musste sehr aufpassen, dass er mir auch Platz ließ.

Jetzt können Sie natürlich sagen, ganz schön aufwendig! Klar, haben Sie Recht, doch auch das ist nur ein Vorschlag, wie Sie Ihr Lernen auf freudvolle Weise gestalten können. Natürlich hätte ich für den Lernkreislauf auch ein einfacheres Thema nehmen können. Doch anhand dieses Beispiels sehen Sie, dass hier durchaus sehr komplexe Themen gestaltet werden können.

Suggestopädie ist ein kraftvolles Ritual mit einer Vielzahl an Lernverstärkern.

Erkenntnis

Zusammenfassung der Ergebnisse:

Fazit

Was hat mir am meisten Freude bereitet?
* Das Schönste: Ich hatte in keinem Moment das Gefühl, dass ich lerne oder gar pauke.
* Die Lernstoffe waren durch das entspannte, spielerische Entdecken nachhaltig verankert.
* Allein bei dem ersten Lernkreislauf konnte ich gut gespeichert ca. 90 Wörter und ein gutes Grundgefühl für einfache Satzkonstruktionen mein Eigen nennen.
* Und da die verwendeten Texte konkret die Texte waren, die ich auch übersetzen sollte, war auch hier die Annäherung einfach spannend.

Der Zeitaufwand?
* Vorbereitung: ca. 4 Stunden; ein Durchlauf des Lernkreislaufs: 1 Stunde. Ein größerer Arbeitsaufwand war nur beim ersten Mal nötig, bis ich die Idee hatte. Danach entsprach der Aufwand dem von gut geschriebenen Spickzetteln (und jeder weiß, wie lange das dauert).
* Ein großes Plus: Sind Sie Trainer oder Coach, dann können Sie diese gestalteten Elemente mit Leichtigkeit in andere Lernszenarien übertragen. Auf alle Fälle öffnet sich ein ganz anderer Blick auf das Lernen an sich.

Brauchte ich Unterstützung?
* Ja, eine nette Freundin, die ich für Übersetzungen zum Gegenchecken brauchte.
* Zum Beispiel bei Schritt 2. Hier holte ich mir für die Satzstrukturen Unterstützung, weil es mir zu langweilig und aufwendig war, das aus Büchern herauszulocken.
* Beim Check, ob ich die Sätze richtig übersetzt habe, stand mir die Freundin ebenfalls bei.

Dies ist ein Angebot. Ihrer Phantasie sind keine Grenzen gesetzt! Und nur durchs Ausprobieren entdecken Sie, wie viel Spaß es macht und was es Ihnen bringt.[56]

12. Unser Speicher liebt
INFOTAINMENT

Dieser Punkt ist wohl der wichtigste. Denn was nützt es, topmotiviert und hochkonzentriert zu sein, wenn ich mit den neuen Informationen nichts anfangen kann? Um die Inhalte nachhaltig zu speichern, ist es wichtig, dass sie verknüpft, geordnet, wiederholt, geübt und angewendet werden – idealerweise so, dass es Freude macht. Es ist nötig, sich mit Neuem vertieft auseinanderzusetzen und sich gründlich damit zu beschäftigen, damit es mit vorhandenem Wissen verknüpft werden kann. Dies ist durch das Bilden von Gedankenstützen wie »Eselsbrücken« möglich, indem zum Beispiel aus den Anfangsbuchstaben der verschiedenen Fakten ein Wort gebildet wird.

Vertieftes Auseinandersetzen gelingt auch, indem das zu Lernende
* mit eigenen Worten beschrieben,
* dafür Gedanken oder gemalte Bilder entwickelt werden,
* Anwendungsbeispiele als Idee gestaltet und/oder in die Tat umgesetzt werden.[57]

Training

Die Kür ist, mit Erfahrungs- und Vorwissen Analogien zwischen den neuen Inhalten zu schon Bekanntem zu finden. Ein besonders intensiver Lernverstärker ist, das eigene Beispiel in die Praxis umzusetzen. Dabei entstehen durch die gemachte Erfahrung persönliche »Bilder« oder »Filme«, die sich nachhaltig verankern.

Mit Logik punkten

Wenn Informationen logisch geordnet werden, erhalten Sie einen besseren Überblick. Je nach Lerntyp können Sie sich so Neues besser merken und besser abspeichern. Dabei werden zwei Organisationsformen unterschieden:

1. »Äußere Form« – Bei dieser Form werden die Informationen nach ihrer äußeren Form geordnet: nach der Größe bei Zahlen, nach alphabetischer Reihenfolge der Anfangsbuchstaben oder nach Gruppen. Diese Methode ist geeignet, wenn es sich um viele Fakten handelt.

2. »Sachlogische Form« – Hier werden die Inhalte nach ihrer sachlogischen Struktur geordnet, um Zusammenhänge oder Reihenfolgen zu verdeutlichen (Mindmaps, Diagramme, Ablaufpläne, Raster usw.). Die persönliche Verankerung ist am wirkungsvollsten, da persönliche Erfahrung mit den Lerninhalten verbunden wird: So ist es effektiver, statt eines vorgefertigten Planes in den nur noch die Fakten eintragen werden, einen eigenen Strukturplan zu entwerfen. Das fördert die vertiefte Auseinandersetzung mit dem Inhalt und verbessert somit die Verstehens- und Behaltensleistung.[58]

Erkenntnis

Dass **Wiederholen und Üben** sehr hilfreich ist, um Informationen besser zu verstehen und zu behalten, weiß wahrscheinlich jeder von uns aus seiner Schulzeit. Doch Üben und Wiederholen ist auch ganz allgemein wichtig, um die Gedächtnisleistung zu erhalten (siehe dazu Kapitel »Lernen als Ritual«). Dies hilft auch (altersbedingten) Leistungsdefiziten entgegenzuwirken, denn solche entstehen vor allem, wenn das Gehirn nicht ausreichend »trainiert« wird.[59]

Eine gute Möglichkeit zum Vertiefen und Ordnen bietet die **Kurzzusammenfassung:**

- Mit eigenen Worten das Thema und die Hauptaussagen festhalten;[60]
- Fazits nach jedem Kapitel formulieren und
- das wichtigste Lernergebnis für sich formulieren.

Das Exzerpt

Eine Variante einer Kurzzusammenfassung stellen wir hier vor: das »**Exzerpt**«. Persönliche Exzerpte sind die ideale Voraussetzung für das nachhaltige Abrufen der Information in anderen Situationen. Die Positionen 1–4 dienen der persönlichen Einordnung und Bibliographie der Lernmaterialien, die Positionen 5–8 verstärken den Lerneffekt durch Reflexion der Lerninhalte.

1. **Codierung:** dient der eigenständigen Einordnung des Exzerpts (beispielsweise alphabetisch nach den Autoren).

2. **Standort:** bezieht sich auf den Fundort der Literatur (beispielsweise den Bibliotheksstandort, die Web-Adresse bei Online-Quellen).

3. **Signatur:** kann zum Beispiel das Kürzel aus der Bibliothek sein.

4. **Bibliografische Angaben:** Hier stehen alle wichtigen Daten über das Buch (Autor/en, Erscheinungsjahr, Titel, Verlag, Erscheinungsort).

5. **Exzerpt:** In dieser Spalte erfolgt die Wiedergabe der Gedanken der Autoren in kurzen Stichpunkten und mit eigenen Worten.

6. **Kommentar:** An dieser Stelle werden die eigenen Gedanken zu dem Ausgearbeiteten aufgeschrieben (Fragen, kritische Kommentare, Verweise auf andere Literatur, usw.).

7. **Relevanz:** Hier wird der Nutzen für die eigene Arbeit betrachtet. Das kann durch Symbole erfolgen (+++: sehr wichtig; ++: wichtig; +: weniger wichtig) oder durch Worte, indem aufgeschrieben wird, wozu diese Notizen/

diese Literatur wichtig sein können. Hier kann auch die Fragestellung vermerkt werden, unter der die Literatur eventuell gelesen wurde.

8. **Gesamteinschätzung:** In dieser Spalte kann Verschiedenes stehen: ein Vermerk auf den Verwendungszweck der Literatur oder eine kurze Zusammenfassung der Notizen in ein bis zwei Sätzen/Stichpunkten.[61]

Übung

Struktur eines Exzerpts:[62]

Codierung: Standort: Signatur:

_____   _____   _____

Bibliografische Angaben:

_____

_____

_____

Exzerpt:

_____

_____

_____

_____

_____

_____

(Fortsetzung Exzerpt:)

_____

_____

_____

Kommentar/Hinweise:

_____

_____

_____

_____

Bedeutung für die eigene Arbeit:

_____

_____

_____

Gesamteinschätzung:

_____

_____

_____

13. Mein persönlicher Check
ERFOLGSKONTROLLE

Deutlich wurde bereits, dass Lernen immer mehr selbst gesteuert stattfinden wird. Wichtig ist für die persönliche Erfolgskontrolle, individuelle Check-ups einzubauen. Das gilt nicht nur für das Ergebnis, sondern für den gesamten Lernprozess.

Frage

Check 1: Habe ich das Neue auch wirklich verstanden und kann ich es anwenden?

Dazu werden während des gesamten Lernprozesses immer wieder Pausen eingeplant und das bis dahin erworbene Wissen mit eigenen Worten erklärt, zusammengefasst oder angewendet. Wenn ich dabei feststelle, dass ich etwas nicht richtig verstanden habe oder nicht richtig anwenden kann, gilt es nach den Ursachen zu suchen oder nachzulesen.

Beispiel für solch einen Fragenkatalog:

• Was sind mir, für meinen persönlichen Lernprozess, die wichtigsten Erkenntnisse aus diesem Kapitel?

1. _____

_____

2. _____

_____

3. _____

_____

- Wo werde ich es wann (konkreter Zeitpunkt/Tag/Uhrzeit) anwenden?

_____

_____

_____

Übung

- Wenn ich diese Anwendung simuliere, was ist mir schon sicher?

_____

_____

_____

- Welche Fragen habe ich noch?

_____

_____

_____

- Wo bin ich mir unsicher?

_____

_____

_____

- Wo habe ich sonst noch Klärungsbedarf?

_____

Wenn etwas nicht verstanden wird, gibt es dafür generell zwei Gründe: Entweder es liegt am Inhalt (zu komplex, zu unstrukturiert, zu unverständlich ...), oder es liegt am eigenem Lernverhalten (zu wenig konzentriert/motiviert, Infos nicht genügend verarbeitet). Beim persönlichen Check heißt es vor allen Dingen, ehrlich zu mir selbst zu sein. Nur so kann ich die Ursachen wirklich erkennen und beheben.[63]

Check 2: Lernziel und Lernmethodik

Ein weiterer Check: Die Art und Weise, wie ich lerne und unter welchen Lernbedingungen, anschauen. Die Kernfrage ist: Kann ich das gewünschte Lernziel mit meiner Vorgehensweise erreichen?

Je nach Aufgabe, brauche ich situationsgerechte Lernstrategien. Dazu wird zunächst die Lernsituation genau analysiert, um die Vorgehensweise darauf abzustimmen.

Frage

- Wie sieht meine Lernsituation aus?
  Welche Ziele will ich erreichen?
  Welche Materialien stehen mir zur Verfügung?
  Wie sind die inneren und äußeren Bedingungen?

_____

_____

_____

_____

_____

- Welche Lernvoraussetzungen sind in dieser Situation geeignet?

Übung

_____

_____

_____

_____

- Für welche Vorgehensweise entscheide ich mich?

_____

_____

_____

_____

Dabei ist es wichtig, die ausgewählten Strategien während des gesamten Lernprozesses immer wieder zu überprüfen, um herauszufinden, ob das Lernziel damit optimal erreicht werden kann oder ob ich eine andere Strategie nutzen sollte.

Beim Einsatz meiner Methoden, Materialien etc.

- Was läuft bereits gut?

_____

_____

_____

- Was fehlt mir noch? Wo habe ich Herausforderungen?

_____

_____

_____

- Was kann ich hier wirkungsvoll einsetzen? Was kenne ich aus anderen Lernsituationen und kann es übertragen?

_____

_____

_____

Fazit

Fazit:

Lernstrategien haben den Erwerb von Wissen, Fähigkeiten und Fertigkeiten zum Ziel, um mit Freude effizient und effektiv zu lernen. Um erfolgreich mit ihnen umgehen zu können, ist es nötig, sowohl die eigenen und für besondere Herausforderungen zusätzliche Lernmodule zu kennen und bereit zu sein, diese nach Bedarf einzusetzen und auszutauschen.

14. Tiger im Tank oder
Lernen mit Charakter
PERSÖNLICHE LERNSTRATEGIEN

» Umarme deinen Tiger! «
Peter Levine

Abends lernen ... Meine Großmutter entdeckte mich eines Tages, als ich völlig verzweifelt meine Vokabeln paukte. Und auf ihre Frage, warum es mir denn so schlecht ginge, hörte sie nur, dass einfach nichts in meinem Kopf hängen blieb. Ihren Tipp »Leg einfach am Abend kurz vor dem Einschlafen dein Vokabelheft unter das Kopfkissen!«, nahm ich nur zu gerne an. Doch das Erwachen kam am nächsten Tag. Der Test verlief glatt mit »Setzen, sechs«.

Beispiel

Zerknirscht kam ich zu Hause an, erzählte alles – nicht ohne Vorwurf – und auf die Frage meiner Großmutter, wie ich es denn gemacht hätte, lächelte sie und sagte: »Einmal durchlesen hätte schon sein müssen.« Als Kind nutzte ich lange Zeit diese Lernmethode immer dann, wenn ich Fakten pauken musste – was ich überhaupt nicht leiden konnte. Und mit Erfolg. Dann geriet sie in Vergessenheit.

Vor meinem Rigorosum erinnerte ich mich wieder an diese Methode, denn Faktenlernen in Geschichte, Kunstgeschichte und Literaturwissenschaft über die Jahrhunderte bis zur Antike war angesagt.

Also abends vor dem Einschlafen die Inhalte lesen, mit einer Affirmation versehen, z.B. »Ich weiß, dass ich bis morgen die mir wichtigen Informationen langfristig verankert habe«. Am Morgen schrieb ich die Fakten aus dem Gedächtnis als Exzerpt auf. Immer dann, wenn ich sie mit dem Gefühl der Freude, was alles hängen geblieben ist, verfasste, war das Resultat umfassender. Ein halbes Jahr lang nutzte ich jeden Abend und Morgen das gleiche Ritual. Zwei Tage vor der Prüfung las ich meine Exzerpte. Die Noten konnten sich sehen lassen.

Beispiel

Der Fernsehsender Vox brachte am 6.12.2010 eine BBC-Sendung über ein kanadisches Forschungsteam. Sie hatten Versuche gestartet, die eindeutig belegen, dass es sehr effektiv ist, wenn wir vor dem Schlafengehen konkrete Ziele formulieren. Die Veränderung erfolgt über das Träumen. Das Ergebnis stellt sich automatisch ein, indem es am nächsten Tag einfach geschieht oder indem uns am kommenden Tag die lösungsorientierten Informationen aller Fakten durch den Kopf gehen.

Das Lernen von Fakten ist auch heute noch ein recht unliebsames Spiel – umso lieber lerne ich aus Erfahrungen oder mit dem Wissen: »Das, was ich brauche, bleibt hängen« – meine zur Realität gewordene Affirmation. Deutlich wurde mir, dass ich einerseits dort ansetzen muss, wo mir etwas fehlt, wo ich keine Freude am Lernen habe und andererseits damit, was ich nutzen kann, was ich schon als Ressource habe. Und so sind die wichtigsten Fragen:

Frage

• Was macht mir beim Lernen am meisten Freude?

_____

_____

_____

_____

_____

_____

- Was sind meine persönlichen Herausforderungen beim Lernen?

_____

_____

_____

_____

_____

Frage

- Was bringe ich persönlich als Lernender mit? Welche meiner Eigenschaften unterstützen mich dabei, dass mein Lernen zum Erfolg wird?

_____

_____

_____

_____

_____

Damit Sie Ihre persönliche Lernstrategie erfolgreich gestalten können, lade ich Sie zu dem nächsten Schritt ein: Machen Sie aus Ihrer Lernstrategie Ihre Schlüsselqualifikation!

So entdecken Sie Ihre persönlichen Kompetenzen

» Cogito, ergo sum. Ich denke, also bin ich. «
René Descartes

Autoren: Claudia Härtl-Kasulke, Loreen Kellermann

Ausgehend von den verschiedenen gesellschaftlichen, technischen und arbeitsplatzbezogenen Veränderungen, die wir derzeit erleben, ändert sich auch die Weiterbildungslandschaft. Weiterbildung soll nicht mehr nur Fachwissen und -können vermitteln, sondern Teilnehmer sollen zukünftig Schlüsselqualifikationen entwickeln. Sie sollen beispielsweise »die Fähigkeit zur Teamarbeit, zur Kommunikation und Kooperation und zur selbstständigen Problemlösung« erlernen.[64] In Zukunft sollen Kurse nicht mehr wie der klassische Schulunterricht aufgebaut sein, sondern Sie als Teilnehmer werden aktiv in die Kursgestaltung mit einbezogen und lösen viele Aufgaben selbstständig oder in Gruppenarbeit.

Training

Was hier von Schüßler und Thurnes 2005 formuliert wird, ist für viele Personalentwickler, Trainer, Coaches seit Jahren eine Selbstverständlichkeit, wenn sie Menschen in Prozessen begleiten und/oder beim Lernbegleiten Hilfe zur Selbsthilfe geben. Neu ist meist, das Lernen als Schlüsselqualifikation zu sehen. Und so macht es Sinn, explizit die Erfolgskriterien für das Entwickeln von Schlüsselqualifikationen zu betrachten, wie sie dem Prozess des Lernenlernens innewohnen.

Aufbauend auf den vorausgehenden Kapiteln, in denen Sie Methoden und Techniken für das Optimieren Ihres Lernens kennengelernt haben, begleitet Sie dieses Kapitel in acht Schritten zu Ihrer Kompetenz, Lernen als Schlüsselqualifikation zu erfahren und dabei Ihre wichtigsten persönlichen Erkenntnisse herauszufiltern, mit denen Sie Ihre individuelle Lernqualifikation aufbauen.

Die acht Lerneigenschaften, die im Folgenden beschrieben werden, sind an den von Reischmann 1995 definierten »Personenvariablen« orientiert. Sie wurden als Voraussetzung für erfolgreiches selbstgesteuertes Lernen beschrieben.[65]

Mit dem Beantworten der Fragen zu den einzelnen Lerneigenschaften erhalten Sie die ideale Basis für das Entdecken Ihrer persönlichen Kompetenzen.

1. Schritt: Ich bin offen für meine Lerngelegenheiten

Dieser Punkt beschreibt zwei Seiten: die Offenheit,
* mich auf neue Lernangebote und Lernsituationen einzulassen und
* in diesen Angeboten adäquate Chancen für mich zu sehen.

Übung

Das bedeutet auch bereit zu sein, mich von gewohnten, traditionellen Lernsituationen und Routinetätigkeiten zu lösen.

* In welcher Situation habe ich bei mir bereits Offenheit für ungewohntes Lernen entdeckt?

_____

_____

_____

_____

- Was hat mich dazu besonders motiviert?

_____

_____

Frage

- Was war daran für mich besonders erfolgreich?

_____

_____

- Wie kann ich meine Lernwirkfaktoren in andere Lern-situationen übertragen?

    1._____

    2._____

    3._____

- Was sind für mich darüber hinaus neue Lehr- und Lern-angebote, die mein Interesse wecken?

_____

_____

_____

- Was unterscheidet sie von den mir bekannten Lernan-geboten?

_____

_____

- Was an diesen Lernangeboten interessiert/motiviert mich besonders? Was macht mich neugierig, mich mehr damit zu befassen?

  _____

  _____

  _____

- Was interessiert und motiviert mich an dieser Art des »neuen« Lernens?

  _____

  _____

  _____

- Was macht mir an den für mich »neuen« Lehr- und Lernmethoden Freude und warum?

  _____

  _____

  _____

- Welche Eigenschaften, Voraussetzungen für diese neue Art des Lernens bringe ich mit?

  _____

  _____

  _____

- Kann ich meine Ziele (siehe dazu Kapitel »Mit Zielen motivieren«) damit besser erreichen?

_____

_____

_____

- Und woran erkenne ich es?

_____

_____

_____

- Will ich überhaupt so lernen, oder mag ich den traditionellen Unterricht? Und wenn ja, was sind für mich die Vorteile?

_____

_____

_____

Frage

Zusammenfassen meiner persönlichen Erkenntnisse zum Thema »neue Lernangebote und Lernsituationen«:

Erkenntnis

- Was sind mir die wichtigsten Erkenntnisse hinsichtlich dem Entwickeln meiner persönlichen Lernstrategie?

  1. _____

  2. _____

  3. _____

In diesen Lernangeboten sehe ich für mich

- Chancen für mehr Flexibilität in der Auswahl von Methoden, die mir persönlich entsprechen und die ich situativ nutze.

  ❒ Ja, weil _____

  _____

  ❒ Nein, weil _____

  _____

- Chancen für mehr Individualität, da ich sie direkt auf meine persönlichen Bedürfnisse und Herausforderungen hin auswählen kann.

  ❒ Ja, weil _____

  _____

  ❒ Nein, weil _____

  _____

- Chancen, meinen persönlichen Wünschen und Interessen gerecht zu werden.

  ☐ Ja, weil _____

  _____

  ☐ Nein, weil _____

  _____

- Chancen, mein Lernen noch mehr selbst zu steuern und es damit effektiver werden zu lassen.

  ☐ Ja, weil _____

  _____

  ☐ Nein, weil _____

  _____

2. Schritt: Mein Selbstbewusstsein als erfolgreich Lernender

Diese Eigenschaft entwickelt sich im Laufe unseres Lebens. Wir entdecken unsere Lernerfolge. Und damit stellt sich mehr und mehr die Sicherheit – vielleicht auch unbewusst – ein, die mit diesen Lernerfolgen verbunden ist. Wenn wir Lernfelder verlassen, sei es weil (Arbeits-)Routine stärker einkehrt oder Neues weniger auf der Tagesordnung steht, kann diese Sicherheit aus unserem Blickfeld, unserer Wahrnehmung schwinden.

Wie können wir uns – auch mental, nicht nur rational – unserer Lernerfolge bewusst werden, selbst wenn wir akut keine Lernsituationen wahrnehmen?

Übung »Ihre Lernerfolge«
Lassen Sie Ihre Lebensstationen an sich vorbeiziehen und schreiben Sie all das auf, was sich in Ihrem Leben entwickelte, ohne dass es direkte Vorbilder in der Familie gab:

Übung

Beispiel: Sie haben studiert – alle Ihre Familienmitglieder in den vorausgehenden Generationen sind Handwerker oder Kaufleute.

Sie haben promoviert – alle Ihre Familienmitglieder in den vorausgehenden Generationen haben Berufs-, jedoch keine Studienabschlüsse.

Betrachten Sie mit dieser Perspektive Ihre Schulausbildung, Studium, Beruf, Hobbys, Interessen, Engagements, Kontakte, Ergebnisse ...

Auf der nächsten Doppelseite ist Platz für Ihre Ergebnisse.

Übung

Füllen Sie diese Doppelseite aus, wenn Sie sich Ihre Lernerfolge bewusst machen möchten.

Meine Leistung ohne Vorbilder →
(siehe vorhergehende Seite)

1._____

2._____

3._____

4._____

5._____

6._____

7._____

8._____

9._____

10._____

Frage

- All das, was Sie hier notiert haben, ist Ihre persönliche Lebensleistung! Wenn Sie diese betrachten, welche Kompetenzen, Fähigkeiten, Erfahrungen verbinden Sie damit?

_____

_____

_____

Was gab es im Vergleich dazu in Ihrer Familie?

1._____

2._____

3._____

4._____

5._____

6._____

7._____

8._____

9._____

10._____

_____

_____

_____

Das, was Sie auf der linken Seite der vorigen Doppelseite notiert haben, sind Ihre persönlichen Lernerfolge!

● Welche Gefühle stellen sich bei Ihnen ein, während Sie diese Fragen beantworten?

_____

_____

_____

● … und wenn Sie diese Vielfalt an persönlichen Erfolgen geschrieben vor sich sehen?

_____

_____

_____

Erkenntnis

Zusammenfassen meiner persönlichen Erkenntnisse zum Thema »meine Lernerfolge«:

● Was sind mir die wichtigsten Erkenntnisse hinsichtlich dem Entwickeln meiner persönlichen Lernstrategie?

1. _____

2. _____

3. _____

3. Schritt: Ihre persönliche Initiative und Unabhängigkeit beim Lernen

Selbstgesteuertes Lernen hat mit Eigeninitiative zu tun. Dies ist einer meiner Selbstanteile. Mit Eigeninitiative als Selbstanteil ist gemeint, nicht darauf zu warten, bis der Trainer sagt, dass ich den Text jetzt ausarbeiten und bis morgen lernen soll, sondern dass ich selbst entscheide, was ich wann und wie mache.

Wenn die Lernenden Initiative zeigen, werden sie selbst aktiv, handeln eigenständig. Dadurch entsteht Unab-hängigkeit.

Betrachten wir den Konstruktivismus als Lerntheorie. Hier wird davon ausgegangen, dass Lernen nicht von außen herbeigeführt und gesteuert werden kann, da es innerhalb des geschlossenen Systems (jeder von uns bildet als Lernender ein eigenes System) stattfindet. Zwar kann der Lernprozess angeregt und förderliche Lernarrangements gebildet werden, doch der Prozess an sich und die damit einhergehende Bildung von Wissen finden ausschließlich innerhalb des Systems (des Menschen) statt. Unabhängigkeit der Lernenden ist somit aus der Perspektive des Konstruktivismus in jedem Menschen angelegt.

*   Was muss ein Lerninhalt für mich haben, damit ich gerne lerne?

Frage

_____

_____

_____

_____

Frage

- Was ist mir wichtig, damit ich leicht ins Lernen starte?

  _____

  _____

  _____

- Was macht mir Freude, wenn ich Lerninhalte für mich entdecke?

  _____

  _____

  _____

- Welche Motivation trägt mich beim Start?

  _____

  _____

  _____

- Was unterstützt mich, damit ich am Ball bleibe?

  _____

  _____

  _____

- Welche Eigeninitiative brauche ich?

  _____

  _____

  _____

- ... Wie baue ich sie auf?

  _____

  _____

  _____

- Welche Unabhängigkeit, welche Freiheit erlebe ich beim Lernen?

  _____

  _____

  _____

Und natürlich spielen auch die finanziellen und organisatorischen Überlegungen eine Rolle. Auch sie sind ein Teil Ihrer Unabhängigkeit beim Lernen:

- Welche Abschlüsse/Zertifikate/Qualifikationen kann ich erlangen?

  _____

  _____

  _____

- Und entsprechen sie meinem Ziel? Meiner Lebensplanung?

_____

_____

_____

Frage

- Welche neuen Lehr- und Lernangebote gibt es in meiner Nähe?

_____

_____

_____

- Und kann ich sie in meinen Arbeits- und Lebensablauf integrieren?

_____

_____

_____

- Welchen finanziellen Aufwand habe ich dadurch?

_____

_____

_____

- Entspricht das meinem Ziel? Meiner Lebensplanung?

_____

_____

_____

Zusammenfassen meiner persönlichen Erkenntnisse zum Thema »persönliche Initiative und Unabhängigkeit beim Lernen«:

- Was sind mir die wichtigsten Erkenntnisse hinsichtlich dem Entwickeln meiner persönlichen Lernstrategie?

1. _____

2. _____

3. _____

Erkenntnis

4. Schritt: Role taking: Bewusstes Akzeptieren meiner Lernverantwortung

Selbstgesteuert zu lernen bedeutet auch, Verantwortung für mein eigenes Lernen zu übernehmen. Indem ich meinen Lernprozess selbst organisiere, bin ich auch für Erfolg und Misserfolg verantwortlich. Ich übernehme als Lernende/r die Verantwortung für den Lernprozess und das Lernergebnis.

Erkenntnis

Für die bewusste Akzeptanz ist die Voraussetzung, dass wir als Lernende in der Lage sind, selbstgesteuert zu lernen. Das heißt, erst

* wenn wir uns im Klaren darüber sind,
* welcher Schritt im Lernprozess zu welchem Ergebnis führt,
* wie wir mit Erfolg und Misserfolg umgehen und
* wie wir beides pro-aktiv nutzen und verändern können,

werden wir akzeptieren, dass wir von einem selbstgesteuerten und selbstverantwortlichen Handeln reden. Auch diese Eigenschaft entwickelt sich prozessual.

* Was brachte mir Erfolg?

_____

_____

_____

Frage

* Welcher Schritt hat zu welchem Ergebnis geführt?

_____

_____

_____

Und nach dem Motto: »Durch Fehler lernen wir« die Fragen:

* Welche Fehler habe ich beim Lernen in welcher Situation gemacht?

_____

_____

_____

* Was haben mir diese Fehler genutzt?

_____

_____

_____

Beispiel: Ich habe mir vorgenommen, nicht unter Zeitdruck zu arbeiten. Doch bei der letzten Prüfung habe ich erst einen Tag vor dem Termin mit dem Lernen angefangen. Wenn ich darüber nachdenke, kann es sein, dass ich folgende Erkenntnisse erhalte ...

Beispiel

* dass ich gerne auf den letzten Drücker lerne und diesen EU-Stress brauche,
* dass ich das nächste Mal ein Frühwarnsystem einbaue, um rechtzeitig zu starten,
* dass ich meine persönliche Planung mehr mit meiner Lernplanung verbinde etc.

All das können wichtige Erkenntnisse sein, die mir beim nächsten Mal die Umsetzung erleichtern. – Meistens sind wir so erleichtert, alles doch überstanden zu haben, dass wir diese Überlegungen nicht treffen.

- Was waren die Ursachen für meine Fehler?

  1. _____

  2. _____

  3. _____

Frage

- Was kann ich künftig verändern?

  1. _____

  2. _____

  3. _____

- ... und will ich es verändern?

  1. _____

  2. _____

  3. _____

- Welche persönlichen Vereinbarungen treffe ich mit mir?

  1. _____

  2. _____

  3. _____

- Was waren meine Misserfolge?

  _____

  _____

  _____

- Was haben mir diese Misserfolge genutzt?

  _____

  _____

  _____

- Was waren die Ursachen für meine Misserfolge?

  1. _____

  2. _____

  3. _____

- Was kann ich künftig verändern?

  1. _____

  2. _____

  3. _____

- ... und will ich es verändern?

  1. _____

  2. _____

  3. _____

- Welche persönliche Vereinbarung treffe ich mit mir?

  1. _____

  2. _____

  3. _____

Erkenntnis

Zusammenfassen meiner persönlichen Erkenntnisse zum Thema »Akzeptieren meiner Lernverantwortung«:

- Was sind mir die wichtigsten Erkenntnisse hinsichtlich dem Entwickeln meiner persönlichen Lernstrategie?

  1. _____

  2. _____

  3. _____

5. Schritt: »Love of Learning«

Lust am Lernen ist eine Eigenschaft von besonderer Bedeutung. Wenn wir als Lernende kein Interesse und keine Lust am Lernen haben, werden wir weder in traditionellen Lehr- und Lernkontexten noch selbstgesteuert lernen. Selbst wenn die anderen Eigenschaften vorhanden sein sollten – ohne die »Liebe zum Lernen«, wie Reischmann es nennt, wird selbstgesteuertes Lernen nicht stattfinden. Lust am Lernen ist eine Schlüsseleigenschaft und deshalb ist es wichtig, sich hier zu fragen:

Wenn ich an eine besonders erfolgreiche Lernsituationen zurückdenke ...

* Was hat mich besonders motiviert zu lernen?

_____

_____

_____ Frage

* Was hat mir beim Lernen Freude gemacht?

_____

_____

_____

* Woran habe ich es erkannt?

_____

_____

- Wie habe ich meine Freude am Lernen erhalten?

_____

_____

_____

- Wenn ich meine Freude am Lernen verloren habe, was habe ich gemacht, um sie wiederzugewinnen?

_____

_____

_____

Erkenntnis

Zusammenfassen meiner persönlichen Erkenntnisse zum Thema »Love of Learning«:

- Was sind mir die wichtigsten Erkenntnisse hinsichtlich dem Entwickeln meiner persönlichen Lernstrategie?

1. _____

2. _____

3. _____

6. Schritt: Lernen kreativ gestalten

»» Ich glaube nicht, dass Kreativität die Gabe einer guten Fee ist. Ich glaube, sie ist eine Fertigkeit, die wie Autofahren geübt und gelernt werden kann. Wir halten die Kreativität nur für eine Gabe, weil wir uns nie bemüht haben, sie als Fertigkeit zu üben. ««
Edward de Bono[66]

Im Volksmund hören wir oft Sätze wie: »Der ist aber sehr kreativ.« oder »Ich bin gar nicht kreativ.« Kreativität wird als eine ganz besondere Fähigkeit beschrieben, die nur wenige von uns besitzen – vornehmlich Künstler, Schauspieler und Musiker. Dass das nicht stimmt, zeigt uns ein Blick in unsere Vergangenheit.

Als Kinder waren wir alle kreativ: in unserem Spiel, den ausgedachten Geschichten. Allgemein kann man sagen: Jeder, der denken kann, ist in der Lage Ideen zu haben. Doch leider vernachlässigen wir im Laufe unseres Erwachsenwerdens diese Eigenschaft immer mehr. Alltag, Routine und Bewährtes helfen mit.

Dabei ist Kreativität eine wunderbare Problemlösefähigkeit, die uns enorm dabei unterstützt, Herausforderungen und neue Aufgaben zu bewältigen, die uns Querdenken und das Entwickeln von Zukunftsszenarien ermöglicht.[67]

Zusätzlich hilft mir als Lernender diese Fähigkeit beim Verstehen, Behalten und Anwenden von neuen Informationen. So kann ich kreativ
- Anwendungsbeispiele wie Rollenspiele oder Gespräche gestalten,
- Spiele für den Lernstoff entwickeln (Quiz, Brettspiele, etc.),
- Lieder texten (z.B. Melodie bestehender Lieder nutzen und den Lerntext einfügen),

Training

- im Austausch mit anderen Lernszenarien entwickeln,
- Sketche, Kabarett, Gedichte schreiben und aufführen oder mir szenisch vorstellen,
- Methoden fortschreiben und entwickeln.

Erkenntnis

Beim selbstgesteuerten Lernen ist es wichtig, dass wir selbstständig verschiedene solcher Möglichkeiten entwickeln und nutzen. Allein das Entwickeln neuer Methoden ist schon ein wesentlicher Teil des Lernens. Und wir kennen es sicherlich alle, dass wir nach dem akribischen Schreiben eines Spickzettels während der Prüfung kaum mehr einen Blick darauf warfen ...

Wenn ich an Lernsituationen in meiner Kindheit und Schulzeit, in meinem Studium und in der Arbeitssituation denke, die mir besonders leicht von der Hand gingen ...

- Welche (spielerischen) Methoden habe ich da genutzt?

Frage

_____

_____

_____

_____

- Wo war ich besonders kreativ, woran habe ich es erkannt?

_____

_____

_____

_____

- Was machte mir daran besondere Freude?

  _____

  _____

  _____ Frage

- Wie habe ich sie entwickelt, was war mir daran besonders wichtig?

  _____

  _____

  _____

- Was war dabei für mich besonders erfolgreich?

  _____

  _____

  _____

- Was/Wer hat mir dabei geholfen?

  _____

  _____

  _____

Frage

- Was konkret hat da zu meinem Erfolg beigetragen?

  _____

  _____

  _____

- Wie kann ich diese Methoden auf meine aktuelle Lernsituation übertragen?

  1. _____

  2. _____

  3. _____

- Wo werde ich es das erste Mal einsetzen (Situation)?

  wo   wann

  1. _____   _____

  2. _____   _____

  3. _____   _____

- Welche Vereinbarung treffe ich mit mir? Wann (Tag, Da-
  tum, Zeit)

  1. _____   _____

  2. _____   _____

  3. _____   _____

Zusammenfassen meiner persönlichen Erkenntnisse zum Thema »Lernen kreativ gestalten«:

- Was sind mir die wichtigsten Erkenntnisse hinsichtlich dem Entwickeln meiner persönlichen Lernstrategie?

1. _____

2. _____

3. _____

Erkenntnis

Tipp: Die Lern-Collage

Bilder verstärken unser Lernerlebnis. Sie können diese Erkenntnisse, Ergebnisse durch eine Collage verstärken.

Tipp

Nutzen Sie Zeitungen, die Ihnen besonders gefallen, und schneiden Sie die Fotos aus, die Sie thematisch mit Ihren persönlichen Erkenntnissen verbinden. Gestalten Sie damit ein Plakat, Ihre persönliche Lern-Collage. Sie werden entdecken, dass es Spaß macht, Ihr eigenes Plakat zu kreieren. Und Sie wissen bereits, alle Lerninhalte, die Sie mit positiven Gefühlen verbinden, verstärken Ihren Lernerfolg! Und die Kür: Sie schauen sich diese Collage täglich an und lassen Ihre Erkenntnisse Revue passieren. Idealerweise 21-mal. So bauen Sie Ihre Datenautobahn. Und die Erkenntnisse werden damit auch in anderen Situationen für Sie abrufbar.

7. Schritt: Mit Lernen die Zukunft sichern

Ein wichtiger Motor für Lernen ist unser klares Bild, wo wir das Gelernte später einsetzen. Dies begleitet uns motivierend auf dem Weg, uns heute mit Themen selbstständig auseinanderzusetzen, die in Zukunft für uns wichtig sind, die im Lernen Vorlauf brauchen und im Moment noch nicht oder nur bedingt einsatzfähig sind.

Frage

Dazu gehören
- unsere Wünsche,
- unser Ziele und
- unsere Visionen,

damit wir das Lernen in die richtige Richtung »steuern« und im Prozess merken, wenn wir den »roten Faden« verlassen (siehe Kapitel »Mit Zielen motivieren«).

- Was sind meine Wünsche (= was hätte ich gerne)?

  _____

  _____

  _____

- Was sind meine Visionen (= was möchte ich idealerweise erreichen – ohne bisher zu wissen, wie das gehen könnte)?

  _____

  _____

  _____

• Was sind meine Lernziele für die Zukunft (= es liegt ein Plan für das Verwirklichen vor)?

1. _____

2. _____

3. _____

Frage

• Welche Lern-Teilziele habe ich bis wann erreicht?

Lern-Teilziel   wann

1. _____   _____

2. _____   _____

3. _____   _____

4. _____   _____

5. _____   _____

6. _____   _____

• Wenn ich mir meine aktuellen Lerninhalte anschaue, welches (Teil-)Ziel kann ich damit erreichen, welchem (Teil)-Ziel komme ich damit näher?

_____

_____

_____

_____

Frage

- Was hilft mir darüber hinaus, diese Ziele zu erreichen?

  _____

  _____

  _____

  _____

- Wozu kann ich das Gelernte bereits jetzt nutzen?

  _____

  _____

  _____

  _____

  _____

- Und in welchen Situationen werde ich es in Zukunft einsetzen?

  Situation   Wann

  _____   _____

  _____   _____

  _____   _____

  _____   _____

  _____   _____

- Welche Lerninhalte bearbeite ich intensiver, um meine (Teil-)Ziele zu erreichen?

Teilziel: Lerninhalt:

1. _____   _____

2. _____   _____

3. _____   _____

4. _____   _____

5. _____   _____

6. _____   _____

Zusammenfassen meiner persönlichen Erkenntnisse zum Thema »Mit Lernen die Zukunft sichern«:

- Was sind mir die wichtigsten Erkenntnisse hinsichtlich dem Entwickeln meiner persönlichen Lernstrategie?

1. _____

2. _____

3. _____

Erkenntnis

Mit diesen Fragen haben Sie für sich Ihre Wünsche, Visionen, Ziele formuliert, die Sie mit Ihrem Lernen verbinden. In der Einleitung sprechen wir von einem »klaren Bild«, das Sie mit Ihren Wünschen, Visionen, Zielen verbinden.

Tipp

Noch ein Tipp: Collage Ihrer Wünsche und Ziele

Eine Technik, die persönliche Bilder in konkrete Bilder überträgt und damit verstärkt, haben Sie ja schon im letzten Kapitel kennen gelernt: die Collage.

Wenn Sie auch für Ihre Wünsche, Visionen, Ziele jeweils eine Collage entwickeln und diese bei Veränderungen fortschreiben, werden Sie merken, dass Sie in Ihrem alltäglichen Handeln und bei Entscheidungen diese Bilder klar vor Augen haben.

Wie entwickeln Sie eine Collage?
Starten Sie mit der Collage, die Ihnen im Moment am meisten am Herzen liegt (Wunsch oder Vision oder Ziel). Nutzen Sie Fotos, schön gestaltete Sätze aus Zeitschriften und wenn Sie mögen, gestalten Sie Ihre persönlichen Symbole zu Ihren Themen. Kleben Sie alles mit Ihrem Ziel oder Wunsch oder Vision auf ein großes Papier und hängen Sie es an einen Ort, an dem Sie täglich auf Ihr persönliches Bild schauen können und/oder in der Meditation dieses Bild visualisieren.

8. Schritt: Im Lernen Herausforderungen meistern

Beim selbstgesteuerten Lernen hat die Problemlösefähigkeit eine besondere Bedeutung. Wir Lernenden werden im Laufe des Lernprozesses immer wieder auf verschiedene Herausforderungen stoßen, beispielsweise bei der Zielformulierung, der Beschaffung von Informationen oder bei Auswahl, Einsatz und Weiterentwickeln unserer Lernstrategien, die jeweils besondere Kriterien an unsere persönliche Lösungskompetenz stellen. Für diese neuen Aufgaben können wir zum einen Fähigkeiten nutzen, die wir bereits in anderen Situationen eingesetzt haben und jetzt übertragen/modifizieren und/oder neue Fähigkeiten durch Lernen dazu gewinnen. Beides sind Lernprozesse.

*   Wenn ich an einen besonders erfolgreichen Lernprozess denke, welche Herausforderungen traten beim Lernen auf?[68]

_____

_____

_____

_____

Frage

*   Wie fühlte ich mich, als ich diese Herausforderungen erkannte?

1. _____

2. _____

3. _____

Frage

- Welche Schritte habe ich unternommen, um diese Herausforderungen zu lösen?

  1. _____

  2. _____

  3. _____

- Wenn ich mir diese Situation vorstelle, was hätte ich vorbeugend tun können?

  1. _____

  2. _____

  3. _____

- Wie fühlte ich mich, als ich meine damalige Lösung entwickelte?

  1. _____

  2. _____

  3. _____

- Was davon konnte ich 1:1 umsetzen?

  1. _____

  2. _____

  3. _____

- Was davon habe ich modifiziert?

    1. _____

    2. _____

    3. _____

- Welche Fähigkeiten, Kompetenzen habe ich da bei mir erkannt?

    1. _____

    2. _____

    3. _____

- Wie fühlte ich mich, als ich diese Lösung erfolgreich einsetzte? Wo habe ich diese Gefühle gespürt?

    1. _____

    2. _____

    3. _____

- Was sind für mich die drei wichtigsten Erfolgskriterien dieses lösungsorientierten Vorgehens?

    1. _____

    2. _____ Frage

    3. _____

Zusammenfassen meiner persönlichen Erkenntnisse zum Thema »Im Lernen Herausforderungen meistern«:

* Was sind mir die wichtigsten Erkenntnisse hinsichtlich dem Entwickeln meiner persönlichen Lernstrategie?

  1. _____

  2. _____

  3. _____

Erkenntnis

Fazit

Fazit:

Für uns im Lernprozess zeigt sich deutlich, dass die verschiedenen Eigenschaften miteinander verbunden sind. So reichen Kreativität und Zukunftsorientierung alleine nicht aus, um wirkungsvoll selbstgesteuert zu lernen, wenn wir nicht gleichzeitig in der Lage sind, Lern- und Problemlösefähigkeit zu entwickeln. Offenheit für Lerngelegenheiten hilft nicht, wenn wir keine Initiative zeigen.

Wichtiger ist es, zu erkennen, dass jeder von uns diese Eigenschaften mitbringt, sie je nach Lebenserfahrung jedoch unterschiedlich ausgebildet hat. Durch den Lernprozess und dem bewussten Umgang mit diesen Eigenschaften können wir diese Kompetenzen mehr und mehr aufbauen, verändern, anpassen und flexibel einsetzen. Manche von uns sind vielleicht nicht gewohnt, selbstgesteuert zu lernen. Doch Sie sehen, mit Freude und Initiative ist der erste Schritt bereits getan. Und Sie haben sicherlich schon entdeckt: Sie haben die Wahl, ob Sie mit Freude, Anspannung oder Widerstand lernen.

Eine besondere Herausforderung für Lernende kann sein, dass ungünstige Lernvoraussetzungen bestehen, wie beispielsweise wenig Vorwissen, Ängstlichkeit gegenüber den neuen Anforderungen, fehlender Rahmen für Lernen im beruflichen Umfeld usw. Möglicherweise sind an dieser Stelle traditionelle Lehr-/Lernmethoden effektiver.[69] Es ist also wichtig, durch Ausprobieren und Reflexion das Richtige für sich persönlich zu finden. Dabei kann Ihnen das **Lerntagebuch** (siehe Kapitel »Zeitmanagement«) behilflich sein.

Tipp

Meine Erfahrungen aus jetzt fast 30 Jahren als Lernbegleiterin in unterschiedlichsten Branchen, Aufgabenbereichen und mit Menschen unterschiedlichster Vorbildung zeigen, dass das Aufbauen von Lerneigenschaften sehr von den Eigenschaften des Lernbegleiters abhängt. Hierzu gehören vor allem Empathie, Geduld, positive Zuwendung und das Wissen, dass mit Achtsamkeit vieles sich einstellt, von dem wir nicht geglaubt haben, dass es geschieht.

Sie haben keinen Lernbegleiter? Dann lassen Sie sich persönlich all diese liebevoll zugewandten Eigenschaften zukommen: Genießen Sie beim Lernen Ihre Geduld mit sich selbst, Ihre Achtsamkeit, Ihr Wissen, dass Sie auf dem richtigen Weg sind, Ihre Empathie ...

Neben diese Eigenschaften des Lernbegleiters gehört auch ein profundes Erfahrungswissen mit ressourcenorientierten Methoden, die mental den Lernenden aufbauen und motivieren. Es braucht also einen Zwischenschritt zum selbstgesteuerten Lernen.

* Wie gehe ich mit Irritationen in Lernsituationen um?

Frage

_____

_____

_____

Frage

- Welche Lösungsansätze nutze ich?

  _____

  _____

  _____

- Welche Blockaden kenne ich?

  _____

  _____

  _____

- Welche Lernstrategien kenne ich von mir?

  _____

  _____

  _____

- Wann setze ich sie gezielt ein?

  _____

  _____

  _____

- Welche Alternativen kenne ich und wann setze ich sie ein?

  _____

  _____

  _____

- Welche Grenzen kenne ich in meinen Lernstrategien?

  _____

  _____

  _____

- Was sind die günstigsten Lernbedingungen?

  _____

  _____

  _____

- Und wie kann ich sie optimal nutzen?

  _____

  _____

  _____

Frage

Frage

Für den Aufbau des exekutiven Kontrollaspekts – d.h. der Reflexion des gesamten Lernprozesses – stellen sich folgende Fragen:

● Habe ich die gesetzten Ziele erreicht?

_____

_____

_____

● Habe ich für die jeweilige Lernsituation die geeignete Strategie ausgewählt?

_____

_____

_____

● Wo braucht es noch Veränderung?

_____

_____

_____

● Wie sieht diese Veränderung aus?

_____

_____

_____

Wichtig ist, dass dieses Hinterfragen immer wieder bei Teilzielen geschieht und nicht erst am Ende des Lernprozesses (siehe dazu Kapitel »Mit Zielen motivieren«), um rechtzeitig Veränderungen einbauen zu können, wie zum Beispiel:

- Zeitpläne überarbeiten
- Lernstrategien angleichen

Als Lernender konzentriere ich mich somit auf den Inhalt **und** auf das Reflektieren meiner Vorgehensweise. Dadurch lässt sich die Effektivität des selbstgesteuerten Lernens steigern.[70]

In den vorausgehenden Kapiteln haben Sie eine Vielzahl an Anregungen, Bausteinen, Methoden erhalten, wie Sie Ihre persönliche Lernstrategie verfeinern und ausgerichtet auf Ihre persönlichen Lernsituationen modifizieren, entwickeln und nutzen können.

Fragen Sie sich nun:

- Was sind für mich die wichtigsten Erkenntnisse für meine persönliche Lernstrategie:

1. _____

2. _____

3. _____

4. _____

5 _____

6. _____

Erkenntnis

TEIL C
Offensiv:
Die neue Lernart

Lernstrategien unter neuen Fokussierungen

Nutzen Sie diese Fokussierungen ...

* als Anregung, um damit Ihre bereits bewährten Lernstrategien fortzuschreiben oder situativ zu entwickeln und zu ergänzen und/oder

* als Inspiration, um Neues auszuprobieren und zu übernehmen bzw. für sich weiterzuentwickeln.

Sie werden auch entdecken, dass wir zwar in den Kapiteln einen Schwerpunkt setzen, doch sie durchaus miteinander in Beziehung stehen. So sind Lernstrategien, die Intuition fördern, natürlich dann besonders wirkungsvoll, wenn Sie auch angenehme Gefühle damit verbinden.

15. Bild dir Emotionen
LERNEN UND EMOTION

» Yes we can! «
Barack Obama

» Wir glauben, dass Klagen falsch ist. Du weinst, gehst traurig nach Hause, sagst: ›Wie schön hab ich geweint‹, und schläfst erleichtert ein. Nein. Wir wollen Euch zum Lachen bringen … Es öffnet sich nicht nur der Mund beim Lachen, sondern das Gehirn. «
Dario Fo

Erkenntnis

Erinnern und Vergessen sind die beiden Schwestern des Lernens. Gefühle sorgen für nachhaltiges Lernen. Wenn wir die Nachhaltigkeit beim Lernen überprüfen, dann zeigt die emotionale, erfahrungsorientierte Lernerfahrung klar ihre Vorteile gegenüber der rationalen Lernerfahrung.

Die emotionale Lernerfahrung

»Was man als Kind emotional erfährt, bleibt für den Rest des Lebens im emotionalen Gedächtnis unbewusst haften. Es sind Gedächtnisinhalte, die wir nicht in Worte fassen können und daher nicht als Erinnerungen benennen können. Man sagt zum Beispiel, dass ein Mensch einfach ängstlich, herrisch, scheu oder vertrauensselig ist, man hat es dabei aber oft mit Erinnerungen zu tun, die ihn unbewusst prägen. Von diesem Gedächtnis, dem Gedächtnis für zwischenmenschliche Erfahrungen, weiß die experimentelle Laborpsychologie äußerst wenig.«[71]

Transfer der emotionalen Lernerfahrung
Und dennoch können diese emotionalen Erfahrungen Auswirkungen auf unser bewusstes Handeln haben. Wer erin-

nert sich nicht an das erste Mal, eine heiße Herdplatte berührt zu haben? Dies war mit einer emotionalen Erfahrung, durch Schmerz ausgelöst, verbunden. Je nach Mensch kann diese Emotion Wut, Ärger, Angst usw. initiieren. Durch diese Erfahrung werden wir dauerhaft vermeiden, heiße Herdplatten zu berühren. Diese Erfahrung, das ausgelöste Gefühl, mental und physisch, kann also zur bewussten Verhaltensänderung führen.

Wenn wir uns unserer emotionalen Lernerfahrung bewusst werden, lässt sich diese wirkungsvoll in neue Lernprozesse integrieren.

Erkenntnis

Am deutlichsten zeigen Beispiele aus dem Coaching, welche Wirkung wir mit diesen Transferleistungen haben:
In einem Unternehmen waren Umstrukturierungen an der Tagesordnung. Eine Beschäftigung der Mitarbeiter konnte nur durch deren Einsatz in neue Verantwortungs- und Tätigkeitsbereiche erzielt werden. Diese hatten kaum Bezug zur aktuellen Arbeitssituation. Leitende Ingenieure, die bis dato ausschließlich und langjährig mit hochspeziellen technischen Inhalten befasst waren, aktiv mehr in der Entwicklung als im kommunikativen Austausch, standen vor der Herausforderung, zu leitenden Unternehmenskommunikatoren ausgebildet zu werden. Die Lernblockaden in dieser Situation waren entsprechend hoch, da Lernprozesse außerhalb des bekannten Tätigkeitsfeldes nicht angeboten worden waren.

Lernwirkfaktor

▶ **1. Lernwirkfaktor Emotion:**
Lernschwellen herabsetzen und Transfer zum »normalen« Leben herstellen
→ Vertrautheit stellt sich schneller ein

Wir starteten mit dem vermutlich leichtesten Modul »Pressetext«. Dies hatte zwei Gründe:

- Jeder von uns schreibt mehr oder weniger im Alltag.
- Hier lässt sich etwas durch rein »handwerkliche« Methodik lernen, und dieses »Handwerk« und dieses handwerksorientierte Lernen war der Zielgruppe bekannt.

▷ **2. Lernwirkfaktor Emotion:**
Persönliche, vertrauensvolle Beziehung herstellen
➔ **sicheres Gefühl in der Beziehung aufbauen**

Lernwirkfaktoren

Einer der Teilnehmer meldete sich nach zwei Stunden heftigen Schweigens, verbunden mit neugierigem Zuhören: »Claudia, zuerst muss ich dich jetzt duzen ... ich bin der Wolf ...«

▷ **3. Lernwirkfaktor Emotion:**
Verbindung zu persönlichem emotionalem Erleben wahrnehmen
➔ **positive Emotionen aus früherem Erleben verstärken**

Und als dies zustimmend geklärt war, kam die vermeintlich negative Erfahrung: Wolf »gestand«: »Ich bin jetzt 50 und habe zum letzten Mal mit 18 einen Text geschrieben.« Mit meiner Reaktion – das sei ja wunderbar! – hatte Wolf nicht gerechnet. Und auf die Frage, welcher Text dies denn gewesen sei und für wen er dieses Schreiben verfasst hätte, kam die Antwort: »Das war ein Brief an meine Frau, und danach haben wir geheiratet.« – »Danke – welch wirkungsvoller Text!«

Lernwirkfaktoren

▶ **4. Lernwirkfaktor Emotion:**
Brücke schlagen zwischen dieser Wirkung und dem neuen Lerninhalt: Neugierde wecken und damit Handlungsaktivität initiieren
→ Transfer herstellen

Auf meine Bitte, ob er seine Frau fragen könne, diesen Text mitzubringen, entdeckte ich ein Strahlen und ich war mir schon fast sicher, dass wir am nächsten Tag Wolf mit diesem Text begrüßen können.

▶ **5. Lernwirkfaktor Emotion:**
Wirkung wahrnehmen und Danke sagen
→ Wertschätzen verstärkt das Lernen

Wolf kam mit dem neuen Text, las ihn vor und wir waren sprachlos über diese emotionale Stärke und die Wirkung auf uns. Jeder der Teilnehmer sprach kurz über die Wirkung auf sich persönlich und drückte seinen persönlichen Dank für diese Leistung aus.

▶ **6. Lernwirkfaktor Emotion:**
In den Kontext der neuen Lerninhalte übertragen und konkrete Arbeitshinweise aufzeigen
→ Sicherheit für Neues entwickeln

Nachdem wir uns auf diese Weise emotional gestärkt hatten, war dann der nächste Schritt vergleichsweise einfach. Wir überlegten uns, welche Textkompetenzen von Wolf auf den Pressetext übertragbar sind. Deutlich wurde, dass sich seine Kompetenz im Motto »In der Kürze liegt die Würze« befand und er damit besonders wirkungsvoll Überschriften und Meldungen texten konnte. Das Schreiben der Texte war dann ein Leichtes.

Ein Leichtes war es auch, in seinem Berufsalltag diese Qualität im Briefing den Textern zu vermitteln.

Was war geschehen? Durch den Transfer zwischen emotionaler Erfahrung und neuem Lerninhalt stellte sich sehr früh die Freude ein, die er mit dem Schreiben, Erleben und der Wirkung dieses Briefes erfahren hatte. Diese Freude am Schreiben übertrug sich spür- und sichtbar auf das »neue« Schreiben von Pressetexten.

Der Lernvorgang – der vermeintlich nicht möglich war – wurde damit nicht nur beschleunigt, sondern mit dieser Sicherheit (»Ich weiß, wie es geht.«) schnell professionell.

Und die Wirkung auf die Workshop-Teilnehmer? Bei ihnen setzte – unbewusst – das gleiche Erleben, die gleiche Erfahrung ein: Sie entdeckten ihre Neugierde auf das Neue, gewannen die Sicherheit, eine vergleichbare Vorerfahrung zu haben und diese für sich aufspüren zu können. Deutlich sichtbar war die Freude, mit der die Ingenieure plötzlich das Texten gestalteten.

Wer von Ihnen bereits Pressetexte geschrieben hat oder Laien »Pressetexte schreiben« vermittelt, weiß, dass es an Zaubern grenzt, wenn innerhalb von drei Tagen Meldungen und Berichte zu aktuellen Themen entstehen, die in der Tageszeitung gedruckt werden.

Fazit:

Für das Erinnern ist das Wichtigste die Emotion – für das Lernen auch!

Das hier verwendete »biographische Arbeiten« lässt sich nicht nur im Coaching nutzen; jeder von uns kann seine persönliche Lernstrategie durch diese sechs Schritte für sich verwenden:

Fazit

1. Neues Lernthema definieren,
2. Herstellen von Brücken zwischen neuem und altem Lernthema (Transfer zu beruflichen, privaten, Hobby-Erfahrungen),
3. Lernwirkfaktoren im alten Lernthema definieren
4. und, soweit möglich, auf das neue Lernfeld übertragen,
5. sich selbst dabei staunend und wertschätzend über die Schulter schauen
6. und sich dankbar über diese Erfahrung freuen und diese Freude wahrnehmen.

Je stärker Sie diese Freude empfinden, desto mehr und stärker sichern Sie sich den langfristigen Lernerfolg. Viel Spaß mit diesem Experiment!

Unbewusstes, emotional gespeichertes Wissen umnutzen

Ulfried Geuter schreibt in seinem oben zitierten Text, emotionale Erfahrungen seien »... Gedächtnisinhalte, die wir nicht in Worte fassen können und daher nicht als Erinnerungen benennen können«.[72] Das stimmt, doch das bedeutet nicht gleichzeitig, dass wir dieses verborgene Wissen nicht nutzen können. Auch hier ein Beispiel:

Beispiel

Ich unterrichtete Studenten und Berufsaussteiger zum Thema Öffentlichkeitsarbeit und Unternehmenskommunikation. Ziel war es, die Teilnehmer auf ein neues Berufsfeld vorzubereiten. Mit von der Partie war Ernst Meier, ein 56 Jahre alter katholischer Priester, der sich zu seiner Freundin bekannte, sie heiratete und auf diese Weise seinen Beruf verlor.

Es entwickelte sich bereits am ersten Tag ein »Muster«. Sobald ich etwas zum Thema Unternehmenskommunikation sagte, meldete sich Ernst Meier mit dem Satz: »Sehr interessant, was Sie da sagen, doch glauben Sie mir, ich habe 15 Jahre mehr Berufserfahrung, ich sehe das anders ...« – er nannte ein Beispiel – »... und ich habe damit Recht.«

Nach acht Stunden achtsamen Umgangs mit dieser Situation, Interventionsaktivitäten und Pausen, damit sich mein Gemüt wieder beruhigen konnte, ging ich aus dem Training mit dem festen Vorsatz, der Geschäftsführung am nächsten Tag meine Mitwirkung an diesem Kurs aufzukündigen. Ergebnis: Ich war nicht nur hochgradig frustriert, sondern auch verärgert, nicht zuletzt über Ernst Meier, doch auch über mich, weil ich die Situation nicht »in den Griff bekam«. Offensichtlich eine Reaktion, die ich als Resultat für vergleichsweise gemachte Erfahrungen gespeichert hatte.

Am nächsten Tag fuhr ich zu dem Weiterbildungsinstitut. Auf dem Weg fiel mir plötzlich ein, was ich an Ernst Meier alles schätze: seinen Humor, seine soziale Art mit den KollegInnen, seine Beispiele, die ein hohes Maß Selbstreflexion zeigten usw. Ich kam mit Leichtigkeit auf zehn bis zwölf schätzenswerte Eigenschaften. Und ich erlebte mich plötzlich in mir ruhend und ganz »eins mit mir und meinem Verhalten«. Mein Gefühl zu Ernst Meier war von Abneigung und Ärger zu Wertschätzung gewandert.

▶ **7. Lernwirkfaktor Emotion:**
Positives Wahrnehmen und die Emotion, die dabei entsteht, entdecken und »spürbar fühlen«, bewusst machen

Lernwirkfaktor

In dem Institut für Weiterbildung angekommen, fiel mir meine alternative Lösung, diesen Kurs abzubrechen und die Geschäftsführung entsprechend zu informieren, überhaupt nicht mehr ein. Ich ging frohen Mutes in die Klasse. Deutlich wurde mir, dass sich meine Grundhaltung komplett geändert hatte ...

Lernwirkfaktoren

▶ **8. Lernwirkfaktor Emotion:**
Veränderung der persönlichen Grundhaltung wahr-
nehmen

Wir starteten und es kam, wie es kommen musste, ich konnte es nicht schnell genug realisieren: Ernst Meiers Kommentar zu meinem Lerninhalt: »Sehr interessant, was Sie da sagen, doch glauben Sie mir, ich habe 15 Jahre mehr Berufserfahrung, ich sehe das anders ...« – er nannte ein Beispiel –
»... und ich habe damit Recht.«

Und meine spontane Antwort? »Oh, herzlichen Dank, Herr
Meier, wie schön, dass Sie mich so konstruktiv mit Ihren per-
sönlichen Berufsbeispielen ergänzen!« Ich sah mich in dieser
Situation neben mir stehen und wunderte mich, mit welcher
Leichtigkeit und Aufrichtigkeit ich diesen Satz sprach.

▶ **9. Lernwirkfaktor Emotion:**
Veränderung der persönlichen Grundhaltung verän-
dern automatisch das Verhalten

Ich muss es sicherlich nicht noch extra wieder erwähnen:
Das Eis war gebrochen. Und wenn ich in der Folge meine
Beispiele und Ideen in das Training einbrachte und einer
der Teilnehmer gegen diese Inhalte argumentierte, war es
Ernst Meier, der sagte: »Lasst mal, aus dem, was Frau Härtl-
Kasulke sagt, spricht einfach langjährige Berufserfahrung.«

Was hat das mit dem Thema »Lernen mit Emotion« zu tun?
Auch langjährige, durch Emotionen initiierte Verhaltens-
konditionierungen lassen sich bewusst machen und verändern. Das ist Lernen in seiner dichtesten Form. Daraus entwickeln sich intuitiv neue Verhaltensweisen. Und hier haben wir bereits den Brückenschlag zu unserem nächsten
Kapitel »Lernen mit Intuition«.

Erkenntnis

16. Intuition weckt Leidenschaft
LERNEN UND INTUITION

» Deine Seele, die die meine liebet,
Ist verwirkt mit ihr im Teppichtibet.
Strahl in Strahl, verliebte Farben,
Sterne, die sich himmellang umwarben.
Unsere Füße ruhen auf der Kostbarkeit,
Maschentausendabertausendweit.
Süßer Lamasohn auf Moschuspflanzenthron,
Wie lange küßt dein Mund den meinen wohl
Und Wang die Wange buntgeknüpfte Zeiten schon? «
Else Lasker-Schüler[73]

Intuition und selbstgesteuertes Lernen

Autor: Andreas Zeuch

Intuition wird in den letzten Jahren langsam hoffähig. Das machen wir daran fest, dass alleine im Jahr 2007 gleich drei Bestseller zum Thema Intuition auf dem deutschen Buchmarkt waren. Zudem erschien das erste Mal in einer deutschen Zeitung, der Frankfurter Allgemeinen Sonntagszeitung, ein ganzseitiger Artikel über Intuition im Management. Abgesehen von dieser positiven Entwicklung führt Intuition jedoch immer noch ein Schattendasein.

In den meisten Unternehmens- und Organisationskulturen werden weiterhin stur Zahlen, Daten und Fakten eingefordert, ohne dabei zu sehen, dass wir in einer immer komplexeren Welt leben, die es gerade in Zukunft unmöglich machen wird, für (Lern-)Entscheidungen immer ein ausreichendes Maß an Informationen zur Verfügung zu haben. Wir alle müssen zunehmend lernen, mit Nichtwissen umzugehen und die daraus entstehenden Unsicherheiten und

Training

Unplanbarkeiten zu meistern. Eine wichtige und natürlich Ressource ist dabei die Intuition.

Sie ist eine menschliche Grundfunktion. Jeder ist intuitiv! Der eine mehr, der andere weniger. Aber es gibt keinen Menschen, der in seinen Entscheidungen und Handlungen intuitionsfrei wäre. Intuition ist keine spezifische Fähigkeit, die genetisch beim einen angelegt ist und beim anderen nicht, so wie zum Beispiel das Verhältnis von schnellen zu langsamen Muskelfasern.

Erkenntnis

Im Gegenteil: Die psychologische und neurologische Intuitionsforschung konnte zeigen, dass wir ohne Intuition und Emotion nicht mehr rational sein können. Das durch die Aufklärung in Ungnade gefallene Paar der Emotion und Intuition ist sogar das Fundament vernünftiger und effektiver Entscheidungsfindung.

Allerdings gibt es recht unterschiedliche Vorstellungen davon, was eigentlich unter Intuition zu verstehen ist. So spricht der deutsche Kognitionsforscher Professor Gerd Gigerenzer auch bei kontrolliert-abrufbaren Fähigkeiten wie dem Fangen von Bällen von Intuition.

Wir sehen das anders. Intuition zeichnet sich eben dadurch aus, dass sie nicht wie ein erlerntes Verhaltensprogramm jederzeit abrufbar ist. Intuition entzieht sich genau dieser zweckrationalen Kontrolle. Und genau das macht sie für viele Menschen in der Wirtschaft suspekt, weil sie das Paradigma von Kontrolle und Vorhersagbarkeit untergräbt. Aber genau darin besteht auch die Chance, die wir in Zukunft mehr nutzen sollten. Unserer Auffassung nach lässt sich Intuition folgendermaßen definieren:

Intuition ist ein unbewusster Impuls, der auch im Nachhinein nicht erklärt werden kann. Dieser Impuls tritt dann in Form von Entscheidungsimpulsen und Erkenntnissen in unser Bewusstsein und geht häufig mit Körpersensationen oder Gefühlen einher. Intuition ist damit ein Grenzprozess zwischen unserem Unbewussten und unserem Bewussten.

Mein inneres Team

Autor: Claudia Härtl-Kasulke

Ja, wir kennen sie, die »Intuition« – doch wann haben wir das letzte Mal auf sie gehört? Haben wir ihre »Sprache« erkannt und ihre Anregung wahrgenommen? Haben wir uns auf unsere Intuition eingelassen, sie in unser Leben integriert?

Frage

Mit welcher spielerischen Leichtigkeit ich Intuition wieder entdecken und leben kann, doch auch welche Wirkung sie auf meine Ergebnisse hat, zeigte mir meine Erfahrung während eines Osterurlaubs, den wir auf einem Golfplatz verbrachten. Damals spielte ich seit fünf Jahren mehr schlecht als recht. Und mein 36er Handicap kannte ich nur aus der Erinnerung. Mehr war meine Spielstärke in Richtung »Platzreife« gerückt. Manchmal ahnte ich auch nur, dass ich eine solche schon einmal hatte. Wer selbst Sport macht, weiß, welche Arbeit und welcher Frust hinter diesen Erfahrungen stecken können. Das folgende Beispiel zeigt zwei intuitive Zugänge:

Beispiel

1. Intuitiv entwickelte »sich« eine Methode mit dem »inneren Team«, die ich so noch nicht vorher angewandt bzw. gelesen hatte. Sie entstand aus einer Vielzahl von Wissen, das sich in der Situation »so ergab«. So sah ich bisher »Intuition«: ungesteuert tritt sie ein.

2. Die Ergebnisse, die durch diese Methode erzielt werden, zeigen, dass Intuition sehr wohl initiierbar ist und für Lernprozesse unschätzbaren Wert besitzt.

Durch ein Gespräch mit Susanne Krechter von der Deutschen Telekom AG, die mir von einem Vortrag des Psychologen und Kommunikationswissenschaftlers Friedemann Schulz von Thun über das »innere Team« erzählte und von Ruth Cohn, hatte ich offensichtlich etwas »gespeichert« und intuitiv in meinen Alltag integriert.

Frage

Was ist das »innere Team«, werden Sie nun fragen. Jeder von uns kennt es in unterschiedlichen Ausprägungen: Sätze, die wir seit unserer Kindheit wiederholen und die unser Verhalten prägen. Diese Sätze werden in der Literatur auch »Affirmationen« oder »Botschaften« genannt (siehe Kapitel »Angst und Stress nutzen«) wie:

»Das kannst du nicht«, wenn wir gerade etwas Neues starten; »Du bist viel zu faul, um ...«, wenn wir gerade etwas mit Lust und Laune beginnen. Oder: »Wenn du dich lobst, geht es das nächste Mal schief ...«, wenn wir gerade etwas mit Bravour gemeistert haben und dieses Erfolgsgefühl für den nächsten Einsatz motivierend nutzen möchten.

Dies ist nur eine kleine Auswahl. Diese Sätze sind sehr variantenreich, und bei jedem von uns treten sie in eigenen Formulierungen auf. Meist stecken wir sie achtlos zur Seite. Doch das hat Folgen, wie ich Ihnen gleich vorstellen werde. Natürlich gibt es auch positiv begleitende Sätze: »Super, das kannst du gut!« oder: »Wenn du ... tust, hast du Erfolg.«

Erkenntnis

Bei den meisten von uns sind die negativ besetzten Aussagen jedoch wesentlich wirkungsvoller als die positiven. Und: Letztere sind meist seltener (in der Wahrnehmung). Und warum erhielten diese Sätze das Etikett »inneres Team«? Für und hinter jedem dieser Sätze steht eine Grundhaltung, die durch unsere Sozialisation Einkehr in unser Leben gehalten hat.

So lässt sich zum Beispiel hinter den Sätzen: »Du bist zu faul«, »Du bist nicht intelligent«, »Das hast du schlecht gemacht« der »innere Kritiker« erkennen. Den verschiedenen Teammitgliedern gebe ich in meinem liebevoll gesteuerten Dialog mit meinem »inneren Team« – den ich Ihnen auch gleich vorstellen werde – eigene Namen und befinde mich mit ihnen sozusagen auf »Du und Du«.

Beispiel

Diesen liebevoll gesteuerten Dialog und den Rahmen, den ich um ihn gestalte, werde ich Ihnen minutiös vorstellen, damit Sie die Lernwirkfaktoren kennenlernen und sie selbst für sich gestalten können. Deshalb bitte ich um etwas Geduld beim Lesen:

▶ **1. Lernwirkfaktor Intuition:**
Ich sehe mein kritisches inneres Team als Experten für hervorragende Lösungen!

Ich selbst stellte zum Start folgende Spielregel auf: Ich gehe davon aus, dass die Mitglieder meines inneren Teams mit ihren eher kritischen Einschätzungen und Kommentaren auf alle Fälle bestens Bescheid wissen. Das beweisen sie mir täglich. So sollten sie auch wissen, was es braucht, damit es klappt. Denn jemand, der so hervorragend kritisieren kann, muss die Kriterien kennen, auf deren Basis er Kritik anwendet. Also habe ich ein hervorragendes Expertenteam an Bord. Wichtig ist, dass ich die Perspektive ändere und klare Spielregeln definiere. Los geht's!

Das erste Golfspiel des Jahres war am Karfreitag angesagt. Lassen wir es – das Ergebnis war fatal. Ich hatte 9 Punkte. Dass dies weit unter der Platzreife von 54 liegt, dazu braucht es keine mathematischen Kenntnisse.

Lernwirkfaktoren

▶ **2. Lernwirkfaktor Intuition:
Innere Teammitglieder bewusst wahrnehmen**

Ostersamstag lud ich mein »inneres Team« ein. Der Abschlag: Bevor ich startete, hörte ich bereits meine ersten beiden »inneren Teammitglieder«: »Du hast so lange nicht gespielt und gestern war es auch fatal, das wird nicht gut gehen«.

▶ **3. Lernwirkfaktor Intuition:
Die Namen sind nicht bewertend, sondern liebevoll charakterisierend.**

Jeder erhält einen Namen, der ihn charakterisiert. Ich hatte also schon an Bord: Meinen »Kritiker-Paule« und meinen »Vergleichsleo«, wie ich sie liebevoll nannte.

▶ **4. Lernwirkfaktor Intuition:
Positiv in den Dialog mit dem inneren Team einsteigen und auch in der Folge wertschätzend begegnen**

Beide begrüßte ich: »Schön, dass ihr da seid!« (Nicht: »Blöd, dass ihr wieder da seid. Nervt, dass ihr ständig rummotzt.« Oder schimpfend: »Das habt ihr ja wirklich nicht toll gemacht.«)

▶ **5. Lernwirkfaktor Intuition:
Inneres Bild entwickeln und erleben**

Nach der Begrüßung bat ich – bildlich gesehen – beide Teammitglieder auf die Bank rechts neben mir. Diese hatte ich eigens für mein »inneres Team« ausgesucht. Sie war so eine typische Bank, wie sie – im Wald aus Baumstämmen gebaut – Wanderer zum Ausruhen einlädt.

Jetzt werden Sie fragen, warum so eine Bank? Welche Bank (welchen Ort) Sie aussuchen, bleibt Ihnen überlassen. Wichtig ist dabei, dass ein inneres Bild entsteht und Sie dieses Bild immer wieder auf Ihren »Bildschirm« holen können. Mit der Zeit kann ein Film entstehen.

▶ **6. Lernwirkfaktor Intuition:**
Ich gebe meinem inneren Team und mir klare Spielregeln mit auf den Weg, was ich von ihnen/mir will und was ich nicht will.

Lernwirkfaktor

Verbunden mit dem »Platz nehmen« wurden von mir Regeln definiert und vorgestellt:
1. Schaut einfach nur zu und
2. begleitet mich als Coach.
3. Gebt mir Tipps (lösungsorientiert) in den Situationen, wo es nötig ist.
4. Feiert mit mir den Erfolg, der sich einstellt.

Die Spielregeln an mich:
1. Ich bin aktiv.
2. Ich höre genau zu.
3. Ich setze das Gehörte um.
4. Ich bedanke mich bei allen.
5. Ich feiere freudvoll (!) mit meinem inneren Team den Erfolg nach dem Motto »Gemeinsam sind wir erfolgreich«.
6. Ich nehme wahr, wenn die Spielregeln nicht eingehalten werden. Wenn neue Teammitglieder auftreten, die die Regeln noch nicht kennen, führe ich sie kurz ein.

▶ **7. Lernwirkfaktor Intuition:**
Das Bild sehen

Lernwirkfaktoren

So schnell konnte ich nicht sehen, da saßen der sommer-sprossige, rothaarige Kritiker-Paule und sein Kompagnon Vergleichsleo auf der Bank und kippelten sich fröhlich ... Kritiker-Paule gibt mir konkrete Hinweise, wie ich mich mit dem Schläger hinstellen, den Ball anspielen soll. In Ruhe mache ich meinen Abschlag. Ergebnis: Ungewohnte 120 Meter weit, gerade und in Richtung Fahne.

▶ **8. Lernwirkfaktor Intuition:**
Das Gefühl bewusst wahrnehmen

Es ist wichtig, das Gefühl, das dabei entsteht, bewusst wahr-zunehmen. Je mehr Sie das wirklich erleben, um so intensi-ver wird Ihr Lernprozess, desto stärker verankern Sie das Neue und fördern damit Ihren Lernkreislauf im Hinblick auf das Entdecken Ihrer unbewussten Kompetenz: Ein herr-lich beschwingtes Freudegefühl entsteht. Das lässt mich über den Rasen schweben.

▶ **9. Lernwirkfaktor Intuition:**
Positive Affirmationen aufbauen

Mit diesem Gefühl, dies ist ein tiefer persönlicher Anker, sollten Sie den Dank an Sie persönlich und an Ihr inneres Team weitergeben. Ziel: positive Affirmationen wirkungs-voll aufbauen.

Und immer, wenn etwas gemeinsam gelingt, ist es wichtig, sich zu bedanken. Und ich winke freudig zu der Bank und sage: »Danke an euch, gemeinsam sind wir erfolgreich!«[74]

> ### 10. Lernwirkfaktor Intuition:
> ### Rituale einhalten

Dieses Vorgehen wiederholte ich, so oft ich diesen »inneren Dialog« hörte. Ich betrachtete mir die Redner und stellte bald fest, dass mich hier ein richtiges »Jungs-Team« begleitet. Immer, wenn sich ein Neuer hinzugesellte, führte ich ihn kurz in seine Aufgaben ein. Dabei entdeckte ich am ersten Tag mit Leichtigkeit elf Jungs und zwei Mädchen.

So gehörten zu meinem Team »meine Kleine«, die ängstlich das Geschehen beobachtet, der apodiktische Theo mit seinem Satz »So geht das nicht!« oder Lio, die Entscheidungsferne, die das Diktat des Entweder-Oder propagiert. Ich begrüßte jeden liebevoll und erklärte die neuen »Spielregeln«:

Beispiel

- Setz dich auf die Bank, rechts neben mir, zusammen mit den anderen.
- Schau mir einfach nur zu.
- Gib mir lösungsorientiert Tipps.
- Feiere mit mir die Erfolge.

Und ich gab ihnen einen Namen, der sie liebevoll charakterisiert, damit ich sie gleich wieder erkenne. Wenn ein bereits Bekannter des Teams mit negativen Botschaften auftauchte, bat ich freundlich, aber klar und bestimmt, sich wieder auf die Bank zu den anderen zu setzen und die Spielregeln einzuhalten. Auf diese Weise entwickelte sich ein Ritual.[75]

Mag sein, dass ich manchmal nicht die Zeit habe, die Spielregeln zu erwähnen. Doch hier kommt eine weitere Erfahrung hinzu und schafft eine Alternative: Je mehr ich mein Team wirklich als reale Partner, mit denen ich reden kann, wahrnehme, desto leichter fällt es mir, dann kurz zu sagen:

»Hi Jungs, gemeinsam sind wir erfolgreich« oder
»Hi Jungs, alles, was wir anpacken, ist ein Erfolg!« oder
»Hi Jungs, gebt euer Bestes!«

Das Erfolgsergebnis: Was ist bis zu diesem Punkt das Ergebnis? Ich erhielt konkrete Hinweise – weit mehr als Impulse – für mein Spiel. Die negativen Affirmationen wurden bereits beim ersten Spiel, ja konkret auf den ersten Spielbahnen, immer weniger:

1. die kleinen Stiche in der Magengegend, die kurz kamen und mich mitten im Schwung verunsicherten, waren fast weg;
2. dadurch wurde mein Spiel ausgewogen und sicherer.

Nach jetzt sechs Wochen Übung kann ich sagen, dass es sich insgesamt auch auf meine Alltagsform auswirkt. Mehr Gelassenheit, weniger Problemorientierung. Mehr Präsenz.

Lernwirkfaktor

▶ 11. Lernwirkfaktor Intuition: Ziele setzen und loslassen

Wenn Sie jetzt sagen, das ist ja alles ohne Ziel, so haben Sie recht. Es schaut auf den ersten Blick so aus. Natürlich habe ich am Anfang das Ziel für meinen großen Rahmen, das heißt für das gesamte Spiel definiert. Zum Beispiel: Ich werde dieses Mal mein Spielergebnis vom letzen Mal konsolidieren und idealerweise einen Punkt plus machen. Alles, was darüber hinausgeht, ist ein zusätzlicher Erfolg.

In dem Moment, in dem ich das Ziel so formuliert habe, lege ich es »ad acta« und erinnere mich erst daran, wenn ich das gesamte Spiel beendet habe. Sollte dennoch mein Teammitglied »Wenn-dann-Hannes« mit dem Satz kommen: »Solltest du jetzt gut abschlagen, dann hast du schon gewonnen!« (im Sinne von: »Dann brauch ich mich nicht mehr anzustrengen!«), dann wissen Sie jetzt, was ich ihm sage.

Das gleiche gilt für das Spiel auf den einzelnen Spielbahnen. Ich habe auch hier für den gesamten Spielverlauf ein Ziel. In dem Moment, in dem ich abschlage, habe ich nur ein Ziel: Meine Haltung, meinen Schwung, meinen Ball so optimal zu treffen, dass dieser an der für den Spielverlauf idealen Stelle ankommt.

Wenn Sie in diesem Moment ganz in Ihrer Präsenz sind, spüren Sie das wahrscheinlich an einer absichtslosen Leichtigkeit, die einer stillen Freude gleicht. Bei mir ist es ein tiefer satter Ton, der direkt in mir schwingt. Ich kann ihn körperlich wahrnehmen.

Lernwirkfaktor

▷ **12. Lernwirkfaktor Intuition:**
   Wahrnehmen, bewusst handeln und verändern

Doch natürlich können Sie jetzt sagen: »Sie haben uns aber den Weg zur gelebten Intuition versprochen!« Ja, stimmt. Und eine wesentliche Aktivität meines »inneren Teams« werde ich Ihnen jetzt vorstellen. Sie geben wirklich Tipps!

Sie erinnern sich? Ich spreche immer von »Wahrnehmen«.[76] Wahrnehmen von dem, was ist, was sich (in mir) ereignet, was ich fühle. Wie geht das? In dem Moment, in dem ich aktiv werde, den Ball abschlage, den Ball einloche und ich mich darauf konzentriere, höre ich die leise Stimme eines Teammitglieds, die mir sagt: »Einen Zentimeter mit dem Schläger nach rechts«, »Die Füße parallel stellen«, »Achte auf deine Handgelenke«.

Wenn ich in diesen Sekunden diese Informationen beachte, wahrnehme und in diesem Sinne handle (handeln heißt auch, dass ich in einem Schlag innehalte und nochmals von vorne beginne, mich bewusst korrigiere), dann kann ich heute schon sagen, dass ich mindestens 75% besser spiele.

(Mein Mann, der mich begleitet, spricht von 100%. Denn wie sonst lässt es sich erklären, dass ich an diesem ersten Einsatztag meines inneren Teams zum zweiten Mal in meinem Leben auf dem Platz mein 36er Handicap spielte?)

Beispiel

Sie können sagen: »Glück« – auch das sagte ich am Anfang. Sie können sagen: »Auch ein blindes Huhn …« Auch das stellte sich bei mir am Anfang ein (immerhin habe ich ja noch eine ganze Reihe innerer Teammitglieder, die es noch zu entdecken gilt) … Doch dann tauchen die Fragen auf, warum

- spielte ich am Ostersonntag vier Punkte unter Handicap und
- wieso wiederholte es sich unter Zeugen am Ostermontag?

Und natürlich kenne ich die demütige Frage jedes Golfspielers: Wird es sich wiederholen? Sie sehen, ich kann es mit einem klaren »Ja« beantworten. Und Sie kennen ja jetzt die Strategie, wie Sie persönlich mit diesen kritischen Bemerkungen konstruktiv umgehen – viel Spaß beim Entdecken und beim Genießen Ihrer Erfolge!

Doch was tun, wenn es nicht klappt? Natürlich hatte ich auch an diesen Ostertagen Schläge, die nicht optimal waren.

Auch hier spreche ich mit meinem inneren Team:
- »Hi Jungs, könnt ihr beim nächsten Mal bitte wieder mit hinschauen und mir Tipps geben?«
- »Hi Jungs, verstehe ja, dass ihr jetzt schon ein bisschen groggy seid. Doch wie wär's, wenn ihr mich mit euren Tipps bis zum 18. Loch begleitet?«

Oder morgens, wenn sie noch nicht so ganz wach sind:
- »Hi Jungs, ich weiß ja, dass ihr volles Vertrauen in meine gewonnene Spielstärke habt, doch gleichzeitig brauche ich euch als Coaches. Bitte seid mit an Bord!«

Intuition lebendig leben, heißt den Verstand mit einbeziehen; er braucht »Futter«, damit er das Unglaubliche glauben kann.

Warum erzähle ich Ihnen dieses Beispiel aus dem Golfen? Es gibt eine einfache Antwort: Gerade beim Sport lässt sich alles so wunderbar messen und in Zahlen belegen. Unser Verstand, der bei solch ungewohnten Ergebnissen sofort sein »Ja, aber« positioniert, kann hier auf einfache Weise überzeugt werden – auch über die nachhaltige Wirkung.

Lässt es sich übertragen? Ja, zum Beispiel auf alle Bereiche, die mit weichen Faktoren (soft skills) zu tun haben. Hier braucht es nur ein besonderes Augenmerk von jedem von uns, um die Erfolge zu erkennen, zu feiern und sich dafür zu bedanken.

Training

Intuition – Ihr Lebensraum

Das Lebenselixier für Intuition ist das Leben im »Jetzt«. Um wirklich Intuition zu spüren und zu leben, braucht es eine gute »Portion« Disziplin. Immer, wenn ich merke, dass sich »Wenn dann«-Konditionen in meine Gedanken schleichen: »Wenn ich dieses Ergebnis jetzt erziele, dann habe ich ein besonders gutes Tagesergebnis«; »Wenn ich jetzt gut einloche, dann bin ich besser als meine Mitspieler« usw. - ist dies das »Aus« für meine Intuition. Sie gehorcht nur dem Bedingungslosen. Das Beispiel des inneren Teams zeigt jedoch, dass die Intuition als innere Stimme bewusst gehört und wahrgenommen werden kann. Somit kann Intuition bewusst in unser Handeln integriert werden.

Ist das, was mir hier begegnet, wirklich Intuition? Lassen Sie uns nochmals unsere Definition betrachten: Intuition

Frage

ist ein unbewusster Impuls, manchmal auch ein »Urteil«, der oder das auch im Nachhinein nicht erklärt werden kann. Dieser Impuls tritt dann in Form von Entscheidungsimpulsen und Erkenntnissen in unser Bewusstsein und geht häufig mit Körpersensationen oder Gefühlen einher. Die Intuition ist ein Grenzprozess zwischen unserem Unbewussten und unserem Bewusstsein. Wenn Sie jetzt nochmals die verschiedenen Schritte und Ergebnisse betrachten, werden Sie sehen, dass diese Definition völlig mit dem übereinstimmt.

Training

Die hier beschriebene Lernstrategie ermöglicht es Ihnen,
1. Ihre Intuition bewusst zu nutzen und konsequent lösungsorientiert einzusetzen, und
2. das nicht nur im Sport, sondern ganz praktisch bei Themen Ihres individuellen Wachstums (mehr Sicherheit im Auftritt, Eloquenz bei Ihren Vorträgen, wertschätzende Führung etc.), Sprachen oder künstlerischer Arbeit, sondern auch im technischen oder wissenschaftlichen Kontext,
3. in Stress- und Krisensituationen in sich ruhend Entscheidungen zu treffen und Gespräche zu führen, mit lösungsorientierten Ergebnissen, die auf den ersten Blick eher ungewohnt sind.

Die Erfolge mit dieser Lernstrategie »Lernen und Intuition« liegen auf der Hand:
- Entdecken und bewusstes Einsetzen meiner Intuition
- Aufbau positiver Affirmationen
- Aktives Einbeziehen in Handlungsaktivitäten
- Freudvolles Spielen, Entwickeln, Lernen
- Entstehen einer freudvollen inneren Ruhe
- Loslassen von (Versagens-)Ängsten

Ergebnis: Nachhaltiges, erfolgreiches Handeln und Vergrößern meines Handlungsrahmens und -spielraums.

Das innere Team und selbstgesteuertes Lernen im Coaching-Beispiel

In diesem Kapitel stelle ich Ihnen ein Beispiel aus dem Coaching vor. Auch hier ist der methodische Ansatz das »innere Team«. Durch Zitate des Coachees betrachten Sie diesen Prozess aus zwei Blickwinkeln: Coach und Coachee.

Ausgangssituation:

Ein bis dato praktischer Arzt (53 Jahre) arbeitete seit knapp einem halben Jahr in einem Forschungsinstitut einer Universität. Seine Aufgabe hatte sich dadurch gründlich geändert: Jetzt war er

Beispiel

1. Mitarbeiter mit Vorgesetztem – vorher selbstständig,
2. teilverantwortlich für das Projekt – vorher gab es ausschließlich Patientenkontakt,
3. jetzt ausschließlich analysierend und informierend tätig – vorher machte er Anamnesen und Behandlungspläne,

um nur drei der wesentlichen Veränderungen zu nennen.

In all diesen neuen Herausforderungen gab es kurz- und mittelfristig dauerhafte Konfliktthemen und -felder, die bereits zu einer inneren Kündigung geführt hatten. Konsequenterweise hatte er sogar schon an eine konkrete Kündigung gedacht.

Coachingauftrag:

Impulse zu setzen, um

1. die Konfliktfelder zu lösen
2. die Arbeitssituation im Zusammenwirken mit den Beteiligten so zu verändern, dass ein partnerschaftliches, kooperatives Zusammenarbeiten zum Tagesprogramm wird.

Die Ausgangssituation aus der Sicht des Coachees:

Hier ein Auszug aus den schriftlichen Ausführungen des Coachees [Anmerkungen sind in eckigen Klammern eingefügt]: »Anbei sende ich Ihnen meinen Versuch, die Ergebnisse zusammenzufassen. Eine weitere Planung kann ich im Augenblick nicht ins Auge fassen. Das Gespräch mit meinem Kollegen [bzw. Vorgesetzten] hat mich mehr betroffen gemacht, als ich Ihnen am Telefon mitteilen konnte. Zurzeit weiß ich wirklich nicht, wie ich meinen Aufgaben künftig erfüllen soll. Es hat mich das letzte Selbstvertrauen verlassen. Aber ob das [gemeint ist das Verändern] in diesem Institut möglich sein wird, ist mir im Moment nicht denkbar. Ich sitze dort zwischen allen Stühlen und ich weiß noch nicht weiter. Es tut mir leid, so negativ zu schreiben, aber im Moment bin ich trotz einer hilfreichen Umgebung – privat und am Institut selbst – ratlos.«

Nach dieser Information an mich wurde ein Ad-hoc-Klärungstermin durch den Vorgesetzten anberaumt. Einen Tag davor fand die **Coachingeinheit** statt.

In der Folge stelle ich Ihnen hier eine Sequenz mit dem »inneren Team« in dieser Akutsituation vor. Die Aussicht auf ein Klärungsgespräch mit dem Vorgesetzten vergrößerte bei dem Coachee die Aufgeregtheit, die depressive Grundstimmung, die Angst vor dem Gespräch ohne Hoffnung auf Veränderung. Dagegen verstärkte sich der Wunsch zu kündigen. Deutlich wurde in der Exploration auch, dass er sich ausschließlich als »Reagierender« wahrnahm und keine Chance für sich sah, aktiv zu handeln. Konkret waren es noch genau 24 Stunden bis zum Gespräch.

Training

Das »innere Team« im Dialog

Im ersten Schritt: **Vorbereiten**
Das »innere Team« wurde dem Coachee vorgestellt, Papier und Stift bereitgelegt.

Im zweiten Schritt: **Simulieren und Wahrnehmen**
Die Situation wird simuliert:

»Stellen Sie sich vor, Sie haben noch 24 Stunden bis zu Ihrem Klärungsgespräch, was sagt Ihr ›inneres Team‹? Schreiben Sie bitte alle Sätze auf, die Sie jetzt hören.«

Alle Stunden, auch die Nachtstunden, bis zum tatsächlichen Gesprächstermin am Folgetag 9.00 wurden in der Folge simuliert. Auch in den Nachtstunden gab es Botschaften, die zu Papier gebracht wurden. Allerdings verringerte sich die Anzahl im Vergleich zu den Tageszeiten.

Training

Im dritten Schritt: **Analysieren und Benennen**
analysierte der Coachee die Charaktereigenschaften dieser »Botschafter«; dabei entdeckte er verschiedene »Teammitglieder«, die eine oder mehrere Aussagen gemacht hatten, und gab ihnen wohlmeinende charakteristische Namen, wie zum Beispiel Kassandra.

Im vierten Schritt: **Spielregeln entwickeln**
Gemeinsam mit dem Coachee werden die Spielregeln für künftiges Verhalten des »inneren Teams« entwickelt. In diesem Fall war es zum Beispiel: 1. Begrüßen 2. neue Spielregeln einführen, die heißen: »Ich brauche dich als Partner; ab jetzt gibt es nur noch konstruktive Tipps, Erfolge werden gemeinsam gefeiert.«

Im fünften Schritt: **Simulation mit den neuen Spielregeln**
Wie im zweiten Schritt werden alle Stunden vor dem Gespräch simuliert. Vorab werden dem »inneren Team« die Spielregeln konkret vermittelt, indem mit ihm lautlos im inneren Dialog gesprochen wird.

Dann werden alle lösungsorientierten Sätze aufgeschrieben. Sollte wirklich ein Satz dabei sein, der nicht zur Veränderung der Situation beiträgt, werden konkret nochmals die Spielregeln benannt und gegebenenfalls Bedenkzeit gegeben.

Das Ergebnis konnte sich sehen lassen. Alle vorhergehenden Befürchtungen, wie sie sich im zweiten Schritt gezeigt hatten, wurden konkret mit konstruktiven Hinweisen, Tipps beantwortet. Das negative Grundgefühl des Coachees hatte sich sukzessive in eine hoffnungsorientierte und bei mehrmaligem Wiederholen in hoffnungsvolle Stimmung verwandelt.

Training

Veränderung der Botschaften:

Negative Affirmationen
➜ Tipps, Hinweise, positive Affirmationen durch das innere Team

Ich werde sprachlos und verliere mein Gesicht
➜ Atme tief durch und gönne dir die Pause.

Mein Vorgesetzter lässt mich nicht zu Wort kommen
➜ Nutze seine Redezeit und mache dir Notizen, was er konkret sagt und überlege dabei, was du ihm antwortest.

Ich kann den Konflikt nicht lösen
➜ Definiere deine Ziele und überlege dir vorher Argumente.

Im sechsten Schritt: **Vereinbarungen treffen**
Mit dem Coachee wurde vereinbart, dass er in der »akuten Situation« vor dem Gespräch diese Übung wie ein »Medikament« stündlich einnimmt, mit Ausnahme der Schlafenszeiten. Nach dem Gespräch mit dem Vorgesetzten übt er weiterhin täglich einmal, um die neuen, positiven Affirmationen nachhaltig zu verankern. Aus meiner Erfahrung heraus ist es idealerweise 21-mal in Folge, um die neuen Datenbahnen aufzubauen und sie auch in neuen Stresssituationen handlungsaktiv zur Verfügung zu haben.

Coachingzeit: 1 Stunde mit Feedback

Ergebnis (in dem Gespräch mit dem Vorgesetzten) nach dem Coaching aus meiner (Coach) Sicht:

1. Das Gespräch war zwar angespannt, wurde aber lösungsorientiert geführt.
2. Die Arbeitsplatzsituation wurde konkret verändert.
3. Spielregeln für das künftige partnerschaftliche Miteinander wurden vereinbart.
4. Die geplante Kündigung wurde nicht mehr angesprochen.
5. Im Nachgespräch erzählte der Coachee, dass er zum ersten Mal seine Wut gespürt hätte, deren Verstecken wohl immer der Auslöser seiner Depressionen gewesen sei. Zum ersten Mal formulierte er für sich deutlich als »Agierender«, dass er für sich klar sieht:
6. Dieser Arbeitsplatz macht ihm von der Aufgabe her Spaß.
7. Er sieht Lösungen, wie er ihn auch im Kontakt mit Vorgesetzten positiv gestaltet.
8. Er sieht seine Kompetenz, dass er seine Aufgaben gut erfüllt.
9. Doch wird er künftig konsequent sein, wenn sich Veränderungen einschleichen, die ihn »niederdrücken«.

Ergebnis aus Sicht des Coachees:

Auf meine Bitte, das Ergebnis für sich kurz zusammen zufassen, erhielt ich folgendes Schreiben (Auszüge):

»Mithilfe des Coachingtermins habe ich eine Dauerkrise an meinem Arbeitsplatz klären können. Ich konnte inzwischen für mich die Klarheit bekommen, dass ich an diesem Arbeitsplatz bleiben möchte und auch, dass ich mittelfristig die Arbeitsqualität, die ich für erforderlich halte, erzielen kann. Die Arbeit mit Ihnen war ein wichtiger Baustein für mich, um meine psychische Gesundheit zu stärken, einen Konflikt bei der Arbeit zu klären und zu mehr Selbstver-

Beispiel

trauen zu finden. Dadurch ist auch das Verhältnis zu meinem beruflichen Umfeld entspannter geworden, es freut mich, da ich mich selbst wertgeschätzt fühle, auch meinen Kollegen und den Vorgesetzten meine Wertschätzung ehrlich zu übermitteln.

Diese Entwicklung strahlt auch auf mein Privatleben aus, in dem mein Sohn mich noch vor kurzem angefleht hat, doch endlich meine Arbeit an der Universität aufzugeben, weil es mir so schlecht dabei gehe.

Schließlich hat sich eine räumliche Veränderung an meinem Arbeitsplatz ergeben, sodass ich jetzt mehr Abstand zur Projektleitung habe und mehr Anbindung an die arbeitsmedizinische Ambulanz. Andererseits habe ich in den Terminen neben anderen Übungen die Methodik ›inneres Team‹, erhalten, die für meine psychische Gesundheit sehr wichtig geworden ist und die technisch und zeitlich umsetzbar ist.«

Nachhaltigkeit: Es waren keine weiteren Coachingeinheiten mehr notwendig.

Unabhängig davon, dass die Arbeit mit dem inneren Team Lernprozesse extrem beschleunigt, wird aus meiner Sicht Folgendes deutlich:

Erkenntnis

Wenn wir Impulse zum selbstgesteuerten Lernen setzen und dies mit einem Angebot von aktiv erlebbaren Lernstrategien verbinden, dann ist für den Lernenden »nur« wichtig, in Selbstverantwortung für sein Tun zu treten. Und diese Selbstverantwortung bezieht sich sowohl auf das Aufbauen nachhaltiger Lernimplementationen durch kontinuierliches Üben, wie auch auf die Verantwortung für sein Handeln: Nicht »es geschieht mit mir«, sondern »ich lasse geschehen«, und dann mit dieser Erkenntnis den nächsten Schritt: »Ich handle aktiv«.

17. Das Lernen beflügeln
LERNEN UND MEDITATION

» Im Bewusstsein des Leides, das durch das Festhalten von Ansichten und falschen Wahrnehmungen entsteht, sind wir entschlossen, Engstirnigkeit zu vermeiden und uns nicht an unsere gegenwärtigen Ansichten zu binden. Wir wollen das Nicht-Haften an Ansichten üben, um für die Erkenntnisse und Erfahrungen anderer offen zu sei. Wir sind uns bewusst, dass unser derzeitiges Wissen keine absolute Wahrheit ist. Da sich Wahrheit nur im Leben selbst findet, wollen wir in jedem Augenblick das Leben in uns und um uns herum achtsam wahrnehmen und bereit sein, ein Leben lang zu lernen. «
Thich Naht Hanh [77]

Meditation – das »Wundergarn« fürs Lernen

Als sei Meditation »Wundergarn«, so lesen sich die aktuellen wissenschaftlichen Veröffentlichungen.[78]

Die Neurowissenschaften locken die Meditation aus der Ecke der Spiritualität und der Esoterik und stellen sie mehr und mehr in den Kreis »achtsamer Methoden« für Persönlichkeitsentwicklung. Bereits in den 80ern fanden Forscher an der Harvard Universität heraus, dass durch meditative Übungen nicht nur der Blutdruck gesenkt, sondern auch Körper und Geist entspannt wird.[79] Das führte dazu, dass Meditation im Gesundheitswesen, in Krankenhäusern sowohl in der Stress-Prävention wie auch -Intervention eingesetzt werden. Und nicht nur das!

Wie Ott[80] auf dem interdisziplinären Kongress für Meditations- und Bewusstseinsforschung konstatierte, verändert Meditation Hirnstrukturen.

Training

Die neurowissenschaftliche Forschung ist auf dem Weg zu beweisen, dass Meditation nicht wie bisher angenommen, nur der spirituellen Transzendenz dienen kann, sondern eine alltagstaugliche Methode ist. Deutlich wird, dass gerade die achtsamkeitswirksamen Atemmeditationen dafür besonders geeignet ist. In dieser Übung

- nehmen wir unser Ein- und Ausatmen,
- Sinneseindrücke, Gedanken, Gefühle und Erinnerungen wahr und
- werden dadurch nicht nur gelassener, sondern
- kontrollieren oder besser neutralisieren dadurch unsere Emotionen.

Dass dies nachhaltige Wirkung hat, bewies vor Jahren der Psychologe und Neurowissenschaftler Richard Davidson, Madison, Wisconsin[81] durch ein achtwöchiges Meditationstraining in »achtsamkeitsbasierter Stressreduktion«. Die Teilnehmer fühlten sich lange nach der Schulung entspannter. Und noch vier Monate nach den Übungen waren die Hirnströme im linken Stirnhirn, das sich für positive Gefühle zuständig zeigt, etwas mehr ausgeprägt als vor dem Training.

Doch es sind nicht nur die Hirnströme, die sich verändern. Der Mandelkern, auch Amygdala genannt, zuständig für die Stresswahrnehmung und entsprechende Reaktionen, reduziert seine Größe, ähnlich wie ein Muskel, durch die reduzierte Beanspruchung. Grund dafür ist kontinuierliche und dadurch Stress reduzierende Meditation.

Bevor wir hier in einer wissenschaftlichen Erörterung landen, sei nur so viel noch ergänzt: Es sind nicht nur einzelne Reaktionen oder Bereiche im Hirn, sondern ein gelungenes Zusammenspiel vieler Hirnregionen. Genaueres muss allerdings die Forschung noch klären. Es scheint bereits festzustehen, dass die »Insula« und das Kleinhirn sich ebenfalls verändern. Und dies führt wohl dazu, dass die Meditierenden sich besserer Konzentration erfreuten. Wie wir wissen, sind dies die besten Voraussetzungen fürs Lernen!

Eine in wissenschaftlichen Versuchsreihen erprobte Technik ist das von Yi-Yuan Tang an der Dalian University of Technology in China entwickelte IBMT, »Integrative Body-Mind Training«[82]. Orientiert an der traditionellen chinesischen Medizin (TCM), geht es bei dieser Meditation um einen Zustand der entspannten Wachheit, und nicht wie bei anderen Meditationstechniken – die sich eher der spirituellen Praxis des Transzendierens widmen – um die Gedankenkontrolle. Der Trainer gibt Atemanleitungen, vermittelt mentale Bilder und andere Techniken. Dies wird von ruhiger Musik begleitet.

Beispiel

Die Studenten, die Meditation vor einer wichtigen Prüfung übten,
- schütteten weniger Stresshormone aus.
- Angst, Niedergeschlagenheit, Ärger und Erschöpfung waren abgemildert, wobei auch
- physiologische Werte wie Puls, Atemrhythmus oder Hautwiderstand bei den Trainierten wache Entspanntheit signalisierten.
- Konflikte zwischen unterschiedlichen Handlungsmöglichkeiten ließen sich leichter erkennen und auflösen.[83]

Sieh, das Gute liegt so nah …

Frank Weber, der Chef-Produktplaner bei Opel stellt die für ihn rhetorische Frage: »Was ist faszinierender, als über Dinge nachzudenken, die es so noch nicht gibt?« Und wer kennt nicht den geflügelten Satz »Wir erfinden uns jeden Tag neu«? Was hat das nun mit Lernen zu tun? Wenn wir Lernen so begreifen, dass es geschieht, wenn wir uns mit Neuem auseinandersetzen,

Frage

Erkenntnis

- mental,
- funktional,
- faktisch,
- physisch.

Lernen geschieht immer dann, wenn uns in diesen Bereichen Neues bewegt, begegnet.

Sei es das innovative Produkt, der quer denkende Service, eine Handlung, Erfahrung, Faktenlernen, eine Bewegung im Sport ... – allem voran steht ein Impuls etwas zu tun und/oder eine Idee, ohne die dieses »Neue« nicht möglich wäre. Erfindungen bauen oft nicht auf gemachten Erfahrungen auf, basieren meist nicht auf Faktenwissen. Es entsteht etwas völlig Neues, vielleicht noch als Transferleistung z.B. zwischen Wissenschaften, wie der Bionik und anderen Fachbereichen, wie Architektur, Automotive etc. Doch wie erhalten wir mehr und mehr Zugang zu diesem »Ungekannten«? Wie schaffen wir in uns den Raum weg vom Nichtwissen hin zum Wissen? Wie können wir unbewusstes Wissen anzapfen?

In der Folge stellen wir Ihnen eine kleine Schatztruhe der Meditation vor. Diese Schätze basieren auf den Grundkriterien des oben definierten IBMT »Integrative Body-Mind Trainings«. Gleichzeitig haben sie den Vorteil, dass Sie alle Übungen allein durchführen und aus dieser Truhe, die für Sie und die aktuelle Situation, in der Sie sich befinden, passende Methode auswählen können. Wir wünschen Ihnen viel Freude beim Experimentieren!

Es kann natürlich sein, dass Sie sagen, dies ist mir im Moment alles zu weit weg. Ich muss erst mal bei mir ankommen. Mir schwirren die Gedanken im Kopf. Ich kann mich nicht konzentrieren. Wie soll ich in dieser Situation meditieren? Dafür fehlt mir einfach die Ruhe!

**Eine Übung für das Innehalten:
Die 1-Minuten-Meditation**

Das Schlüsselwort ist das »Wahrnehmen«. Ich nehme wahr, dass ich gerade Stress erlebe und mache es mir bewusst. Nur dann kann ich innehalten. Ich lehne mich zurück, schließe die Augen oder fixiere einen Punkt vor mir. Ich lasse die Gedanken, die von alleine kommen, an mir vorbeiziehen und etikettiere sie, ganz »wissenschaftlich«, ohne sie zu kommentieren, ohne sie zu bewerten.

Meditation

Beispiel: Ich denke: »Wie plane ich meinen Tag?« Sobald es mir bewusst ist, dass dieser Gedanke mich begleitet, sage ich mir: »Ah, eine Planung.« Ein weiterer Gedanke tritt auf: »Das Gespräch mit meinen Mitarbeitern wird sicher schwierig.« Ich mache mir diesen Gedanken bewusst und sage mir: »Ah, eine Bewertung einer Situation.« usw.

Eine Minute reicht, und dieses Innehalten schenkt mir meist schon beim ersten Mal ein »In-mir-Ruhen«. Oft zeigen sich anschließend auf ganz einfache Weise Prioritäten für meinen Tag.

Tipp: Bewusst zwei- bis dreimal am Tag feste Zeiten für diese 1-Minuten-Meditation einplanen. Da sie auch mit offenen Augen durchgeführt werden kann, ist sie in vielen Situationen einsetzbar.

Tipp

Das kann bereits nach einer Woche Veränderungen bewirken. So können Sie entdecken, wie Ihre Tage wieder in ihrer vollen Länge erfahrbar werden. Die Stunden schwinden weniger dahin, und Sie erinnern sich abends an das, was Sie tagsüber getan haben.

Tipp: Sie erinnern sich während des Tages nicht daran, dass Sie eine (Kurz-)Meditation machen wollen? Wie wär's mit einem sanften Ton oder Vibrieren, das Sie in Ihrem Handy programmieren (Weckfunktion) oder einem Bildschirm-schoner, der Sie mit einem Foto zu einem festen Zeitpunkt daran erinnert?

Übung

Übung zum Umgang mit unangenehmen Gefühlen und quälenden Gedanken

Sie kennen es. Gefühle halten Sie von dem Lernen ab. Angst, es nicht zu schaffen. Wut über sich selbst, weil Sie noch immer nicht gestartet sind ... Was ist es bei Ihnen?

_____

_____

_____

Und Sie wissen auch, wenn Sie diese Emotionen verdrängen wollen, werden Sie auf Schritt und Tritt wieder von ihnen eingeholt. Wie können Sie diesen Gefühlen Raum geben und sie dann verabschieden, loslassen? Hierfür hat Frank Kinslow eine wirkungsvolle Meditation entwickelt.[84] Als ich selbst mit der Meditation startete, öffnete mir der Satz von Albert Einstein: »Probleme kann man niemals auf derselben Ebene lösen, auf der sie entstanden sind« die Tür zum Start.

Setzen Sie sich bequem hin, schließen Sie Ihre Augen und lassen Sie Ihre Gedanken 10 bis 15 Sekunden lang umherschweifen.

1. Phase – Gedanken loslassen
- Beobachten Sie Ihre Gedanken ganz »unschuldig«, sozusagen mit kindlicher Unschuld, wie eine Mutter, die ihr Kind auf sich zukommen sieht.

- Mit der Zeit wird der Strom Ihrer Gedanken ruhiger oder langsamer oder er versiegt völlig.
- Beobachten Sie weiterhin ganz ruhig, was auch immer sich entwickelt.
- Schon bald werden Sie ein angenehmes Gefühl empfinden, Ihr Eu-Gefühl. [85]
- Beobachten Sie nun Ihr Eu-Gefühl mit klarer, schlichter Unschuld.
- Es wird stärker werden oder sich in ein anderes Eu-Gefühl verwandeln oder es werden wieder Gedanken auftauchen.
- Was auch immer entsteht, Sie beobachten einfach, wie es sich entwickelt, als würden Sie einen Film anschauen.
- Wenn Sie dann Ihre Augen wieder öffnen, beobachten Sie weiter mit derselben Unschuld.

2. Phase: Nachhaltige Wirkung erzielen

- Gehen Sie langsam im Raum umher und interagieren Sie mit verschiedenen Gegenständen.
- Wenn Sie merken, dass Ihr Eu-Gefühl Ihnen entglitten ist, dann schauen Sie einfach auf das, was Sie gerade fühlen:

Übung

_____

_____

Beobachten Sie dieses Gefühl eine Weile und fahren Sie dann damit fort, weitere Gegenstände im Raum zu erkunden.

Diese Übung kann auch, zum Beispiel nachts, für das Transformieren von quälenden Gedanken genutzt werden.

Meditation, Nichtwissen und die Kür des Lernens

>> Atme und lächle für dich und die Welt. <<
Buddhistisches Gatha (Vers)

Der Mensch, der Impulsen folgt, Ideen entstehen lässt, betritt Neuland, und das ist für uns die Kür des Lernens. Leider herrscht der Glaube, dass dieses große Können nur wenigen Menschen vorbehalten bleibt. Hier stelle ich die Behauptung auf: Das zu können hat Methode! Und auch Wissenschaftler, wie Richard Davidson[86] gehen davon aus, dass sich »offenbar Gelassenheit und ein ausgeglichenes Gemüt trainieren lassen, quasi erlernen – im Prinzip wie Jonglieren oder Klavierspielen«. Dadurch öffnen wir uns für die Leichtigkeit des Lernens.

Wir haben genügend Handwerkszeug, um für diese Kür des Lernens auch in unserem Leben Platz zu schaffen. Eine davon ist die Meditation. Sowohl der Spiegel wie auch die Frankfurter Rundschau stellten im Dezember die Transzendentale Meditation (TM) als Promotor der Inspiration, des Entdeckens vor. Nicht nur die Beatles, viele Prominente hatten sie Ende der 60er gelernt. Paul McCartney sagt noch heute: »It´s a lifelong gift«.

Meditation

Die einfachste Art bei mir anzukommen, ist die **Atemmeditation für das achtsame Wahrnehmen**.

»Einatmend nehme ich das Einatmen wahr – ausatmend nehme ich das Ausatmen wahr.« Spielerisch leicht lässt sie sich in unser Leben integrieren. Wir können sie beim Gehen, Stehen, Sitzen praktizieren. Und unser Lernen immer wieder mit diesem Satz begleiten: »Einatmend nehme ich das Einatmen wahr – ausatmend nehme ich das Ausatmen wahr.«

Doch Vorsicht! Dieser sanfte Einstieg in die Achtsamkeits-meditation entschleunigt spürbar. Die Lernschritte, der Lernprozess wird schon nach kurzer Zeit viel bewusster wahrgenommen. Das Lernen ist konzentrierter.[87]

»Mein Boss meditiert ...«
Das können wir heute über mehr und mehr Führungskräfte-seminare schreiben. Die Manager entdecken in der Meditation – das Abschalten und Loslassen – die Kraft der Stille; sie öffnet die Türe, sich in übervollen Arbeitstagen auf das Wesentliche zu konzentrieren.

Natürlich können Sie sagen, das hat vielleicht noch was mit Abbau von Stress zu tun, doch kaum mit Innovation und Lernen. Und gleichzeitig ist jedes der oben genannten drei Wirkfaktoren die Voraussetzung für Querdenken:

Training

1. Abschalten
2. Raum für Neues schaffen
3. Fokussierung.

Doch Meditation kann noch viel mehr: Als die Beatles Maharishi Mahesh Yogi, den »Vater« der TM, kennen-lernten, der sie zum Meditieren einlud, entdeckten sie, dass genau in der Leere, diesem »neu gewonnenen Raum« auch Neues entsteht.

Meditation öffnet Ideenräume

>> Atmest du noch oder kämpfst du schon? <<
Buddhistisches Gatah

Wie können wir Meditation steuern, dass sie uns nicht nur Reserven schenkt, sondern darüber hinaus Ideenräume öffnet?

Tipp

Tipp: Hier ist »Fokussierung« das Zauberwort. Bevor Sie in eine Meditation einsteigen, setzen Sie sich ein Ziel. Sie stellen sich die Frage, worauf möchte ich nach der Meditation eine Antwort haben? Was soll danach anders sein? Und bevor Sie die Meditation starten, lassen Sie diese Gedanken wieder los und konzentrieren sich achtsam auf Ihre Meditationspraxis.

Was tun, wenn im Meditieren die Gedanken abschweifen? Dann entscheiden Sie, sobald Sie es wahrnehmen, was Sie wollen. Bleiben Sie in den Gedanken oder kehren Sie zur Meditation zurück. In der Transzendentalen Meditation nennt man dieses »Fokussieren« »Fertilizer«, Dünger. Eine wichtige Voraussetzung ist die Regelmäßigkeit. Meditation braucht Übung. Viele der Meditierenden, die ich kenne, haben Phasen, in denen sie mehr oder weniger praktizieren. Doch alle sagen, dass sie es regelmäßig tun, damit sich auch mit Kontinuität die Wirkung einstellt. Das Fokussieren ist ein Ergänzen der Meditationspraxis und Sie können jede Meditationsmethode, die Sie kennen, dafür nutzen.

Für das Üben lässt sich wunderbar der Alltag nutzen. Sie müssen sich dafür nicht unbedingt Zeit nehmen, um sich allein dem Meditieren zu widmen. Wenn Sie die oben vorgestellte Achtsamkeitsmeditation einsetzen, um genau Konzentration und Gelassenheit mehr und mehr in Ihrem Alltag zu etablieren, dann lässt sich dies mit Leichtigkeit zum Beispiel in Ihr Lernen integrieren.

Wie? Hier möchte ich Sie gerne zu einem Experiment ein-
laden.

Bevor Sie weiterlesen – und hier gehe ich davon aus, dass
Sie sich fortschreitend in Ihrer Präsenz, in dem Ruhen in
sich selbst üben möchten – lade ich Sie ein, sich einfach
zurückzulehnen. Spüren Sie, wie Ihre Füße im Kontakt mit
dem Boden sind – wie fühlt sich das an?

Übung

_____

_____

_____

Spüren Sie, wie Sie auf dem Stuhl sitzen, wie fühlt sich das
an?

_____

_____

_____

Wo spüren Sie den Stuhl, gibt er Ihnen Halt? Oder entsteht
eine andere Wahrnehmung?

_____

_____

_____

Und wenn Sie jetzt bewusst Ihre Sitzhaltung wahrnehmen,
können Sie die Augen offen halten oder schließen und sagen sich dreimal diesen Satz, während Sie atmen:

Übung

- Beim Einatmen: »Einatmend nehme ich das Einatmen wahr.«
- Beim Ausatmen: »Ausatmend nehme ich das Ausatmen wahr.«
- ... und spüren Sie auch dabei, wie sich Ihr Körper anfühlt ...

_____

_____

_____

Und wenn Sie jetzt den Text dieses Kapitels weiterlesen, nutzen Sie das Experiment für den nächsten Schritt. Während Sie lesen, nehmen Sie bewusst Ihr Atmen wahr ... Ihr Einatmen ... Ihr Ausatmen ...

Jetzt starten Sie bewusst mit dem Lesen. Sie halten kurz inne. Sie nehmen wahr, dass Sie jetzt bewusst mit dem Lesen beginnen und dabei Ihren Atem beobachten.
Starten Sie JETZT:

Meditation

Meditation im Flow
Oder: »Für Eile hab ich keine Zeit«[88]
Mit etwas Übung werden Sie entdecken, wie sich Ideen, Antworten einstellen oder einfach während der Meditation sich unmerklich oder bewusst ein verändertes Verhalten etabliert, das Sie zielorientiert zu einer anderen Vorgehensweise bewegt. Was hierbei entsteht, ist ähnlich dem Flow-Zustand. Durch die Meditation entsteht im Loslassen volle Konzentration. Körper und Geist gehen eine Verbindung ein, in der mühelos, spielerisch leicht etwas geschieht. Durch den gesetzten Fokus geben Sie dem eine Richtung. Das ist Lernen ohne Anstrengung, ohne Angst – Sie sind offen für Neues.

Und nun kurz innehalten ...

Wie ist es Ihnen ergangen? War es inspirierend oder irritierend? ... oder beides? Sich gleichzeitig dem Lesen und Ihrem Atem zu widmen? Haben Sie Phasen entdeckt, in denen beides klappte und Phasen, in denen Ihnen das Nachspüren Ihres Atems immer wieder abhanden gekommen ist?

Frage

_____

_____

_____

Keine Bange. Das gehört zum Üben. Sie kennen es ja: Übung macht den Meister. Wenn Sie merken, dass Sie zwischendurch Ihren Atem »verlieren«, so betrachten Sie es wohlwollend und entscheiden Sie, ob Sie Ihren Atem wieder in den Lese-/Lernprozess integrieren wollen oder ob Sie ohne den bewussten Atem Ihre Tätigkeit fortsetzen ... Das Wichtigste ist: Es ist freiwillig, es braucht keine Perfektion. Und welches Gefühl haben Sie jetzt?

_____

_____

_____

Wenn Sie Ihre Freude oder das Abenteuer hinter dieser Übung entdeckt haben, hier gibt es noch mehr Text zum Ausprobieren ...

Meditation, Lernen und Leichtigkeit
Zu guter Letzt noch eine Übung, die sich hervorragend fürs Lernen eignet, die Übung des »achtsamen Lernens«. Es ist eine Variante der »Achtsamen Atemübung«.

Meditation

Setzen Sie sich bequem hin, schließen Sie die Augen und atmen Sie dreimal tief ein – bis Sie Ihren Atem im Bauch spüren. Nun machen Sie eine Pause. Dann atmen Sie tief aus, am besten mit einem gehörten »F« auf den Lippen. Dieses »F« wird leiser und leiser. Kein Ton ist mehr zu hören; daran merken Sie, dass alle Luft aus dem Körper ausgetreten ist. Pause und wieder einatmen.

Bevor Sie diese Meditation starten, überlegen Sie sich, was Sie mit Ihrem Lernen, vielleicht sogar, was Sie mit dem Lesen von diesem Buch erreichen wollen. Welchen positiven Vorsatz Sie mit Ihrem Lernen verbinden.

Beispiel: Sie starten gerade mit Ihrem Italienisch-Anfängerkurs und gehen davon aus, dass es Ihnen schwer fallen wird, sich mit dem Vokabelpauken zu befassen. Dann kann der Vorsatz sein »Ich werde mehr und mehr mit Leichtigkeit meine Vokabeln lernen und ich wünsche mir, dass mein Unterbewusstsein in der Meditation mich darin unterstützt.«

Wichtig ist, dass Sie diesen Satz positiv formulieren. Also nicht: »Ich muss mit Leichtigkeit lernen und ich darf die Vokabeln nicht vergessen«. Ideal ist es, wenn Sie diese Affirmation – denn eine solche ist Ihr positiv formulierter Vorsatz – dynamisieren. Nicht: »Ab sofort muss alles anders sein!«, sondern »... mehr und mehr mit Leichtigkeit ...«

Den so formulierten Satz schreiben Sie sich auf:

Übung

_____

_____

_____

und nutzen ihn jedes Mal – Rituale sind wichtig –, bevor Sie in die »Achtsame Atemübung« gehen. Sie lesen ihn sich laut oder leise vor und starten dann wie gewohnt mit Ihrer Atemmeditation.

Fazit:

Sicherlich haben Sie es bereits entdeckt. Die Meditation führt Sie beim Lernen durch verschiedene Phasen.

1. Phase: Sie erwerben Ruhe, Gelassenheit und Konzentration.
2. Phase: Dies dient Ihnen als spürbarer Lernbeschleuniger.
3. Phase: Wenn Sie dabei Ihre Gefühle mehr und mehr wahrnehmen, verstärkt das die Nachhaltigkeit beim Lernen.

Fazit

Die Macht des regelmäßigen Übens führt zu kraftvoller Unterstützung und Leichtigkeit im Lernen.

Just be. Ich komme an und bin daheim. JETZT.[89]

Entdecken Sie Ihr persönliches Tuning

Oder: Von der Kunst, das Lernen aktiv zu gestalten

Sie sehen, Ihre Kreativität ist gefragt! Lernen macht Freude. Und es gibt viele Wege, die ins Mekka des selbstgesteuerten Lernens führen. Deutlich wird auch, wir können unserem Verstand »Futter« geben und Schritt für Schritt analytisch vorgehen und unsere persönliche Lernstrategie aufbauen. Auch hier ist Ihre Kreativität gefragt. Sie werden sehen, je mehr Sie mit diesen Strategien arbeiten, werden Sie sich verändern, entdecken Sie Varianten, die zu Ihren ganz persönlichen werden – dazu viel wirkungsvollen Spaß!

Mit diesen Erkenntnissen haben Sie den Grundstein dafür gelegt, Ihre persönliche Lernstrategie zu entwickeln. Dazu lade ich Sie herzlich ein.

Dr. Claudia Härt-Kasulke und bk+k stellen sich vor

Sie haben Ihre Neugierde zum Thema »Lernen mit Emotion und Intuition« entdeckt ... und erste persönliche Schritte unternommen. Und Sie haben sich entschlossen, dieses Wissen mit anderen zu teilen, indem Sie

- als Ansprechpartner in Sachen Weiterbildung das Wissen um Lernstrategien und deren wirkungsvollen Einsatz in Ihre Weiterbildungsmaßnahmen integrieren
- und das nachhaltig durch ein Weiterbildungskonzept mit nachhaltiger Lernkultur im Unternehmen positionieren
- in Ihrem Unternehmen eine Lernkultur etablieren
- als Manager mit Ihrem Team eine Lernhochleistungskultur entwickeln
- als Trainerkollege innovativ Lernstrategien in Ihre Maßnahmen einbinden

Zu Ihren Fragen rund ums »Lernen mit Emotion und Intuition«, zum Beispiel wie Weiterbildungsangebote noch freudvoller und nachhaltiger gestaltet werden können, wie Sie Lernstrategien in Trainings integrieren, wie Sie eine »Lernwirkstatt« für Ihre Unternehmenskultur nutzen ... freuen wir uns auf das Gespräch mit Ihnen.

Dr. Claudia Härtl-Kasulke
bk+k BERATUNG KULTUR + KOMMUNIKATION
Dreieichstraße 53, D- 63128 Dietzenbach
+49 (0)6074-82580
haertl@kasulke-kommunikation.de

Der interne LernCoach© unterstüzt interne Lernprozesse: Er motiviert zum Lernen, entwickelt mit den Mitarbeitern und Teams Lernstrategien für Hochleisungssituationen und schafft nachhaltig Lernerfolgsfakatoren. Wie so eine Ausbildung aussieht, finden Sie unter

www.kasulke-kommunikation.de

Und: Ihre Führungskräfte sind offen fürs Lernen, das zeigt eine Untersuchung in »wirtschaft und weiterbildung«. Über 90 % der Führungskräfte sehen Weiterbildung als Gehaltserhöhung.

Wir wünschen Ihnen viel Freude und persönliche Achtsamkeit mit Ihren Lernstrategien und beim Gestalten einer wertschätzenden Lernkultur in Ihrem Unternehmen wirkungsvolle Ergebnisse!

Ihr Autorenteam, verbunden durch lebendiges Lernen

Dr. Claudia Härtl-Kasulke
Loreen Kellermann
Dr. Andreas Zeuch

Danke ...

... an alle, die mich bei diesem Buch begleitet haben.

Allen voran Loreen Kellermann, die mir unermüdlich neben ihrem Studium als Sparringspartnerin zur Seite stand. Eine ganz besonders große Portion Dank an Dich!

Andreas Zeuch, der in Sachen Intuition mit seinem forschenden Geist und Praxiserfahrung seinen Blick über den Text lenkte und mit Feingespür logischen Widrigkeiten auf die Spur kam.

Fabia Zobel schuf in ihren Zeichnungen eine Lernwelt, die zum Querdenken inspiriert. Sie war uns ein Geschenk in letzter Minute.

Martina Rohfleisch würzte im gemeinsamen Gespräch als Lektorin mit vielen Prisen ihrer Lernkompetenz den Text. Eine wunderbare Zusammenarbeit, ich freu mich schon auf das nächste Buch mit Dir! Bodo Wardin und Heiko Breuer standen von Anfang an zu diesem Buch und legten größten Wert darauf, dass Martina Rohfleisch die Produktion begleitet. Danke. Ihr hattet recht!

Meinem Mann, Otto Kasulke, der mir nicht nur den Rücken freihält und geduldig mit meinen redefreien Schreibzeiten umgeht, einen besonderen Dank! Und nicht nur das. Ohne ihn als Partner mit dem Üben im wahren Leben wäre so ein Buch für mich nicht denkbar.

Anmerkungen

1 Friedrich Schiller, Über das Erhabene. 1801
2 Bayer 2004, 97: »(...) Monotonie fördert die religiöse Konzentration, (...) [während] die Synchronisation die psychischen Zustände des Betenden steuern, Ritualvollzug vorbereitet und zudem ein Gefühl der Gemeinschaft der Betenden mit der religiösen Teilwelt herstellt. Litaneiartige Struktur dürfte zudem allgemein eine besondere Anziehung auf menschliche Gehirne ausüben, wie die Erfahrung repetetiver Form etwa in der Popp-, Blues- und Jazzmusik zeigt.«
3 Dohmen 1999, 16; zitiert in Schwarz/ Behrmann 2003, 65.
4 Schüßler 2001, 1.
5 Vgl. Schüßler 2001, 1.
6 Vgl. Alverde 2. 2009, 6.
7 Spitzer 2009, 4.
8 Vgl. Spitzer 2009, 13, 41.
9 Vgl. Spitzer 2009, 41 ff.
10 Vgl. Spitzer 2009, 23, 34.
11 Vgl. Spitzer 2009, 65.
12 Vgl. Spitzer 2009, 49.
13 Siehe dazu auch: Peter Levine, Umarme deinen Tiger.
14 Vgl. Spitzer 2009, 41 f.
15 Vgl. Rapp 1982, 42 ff.
16 Ebeling 2005
17 Vgl. Spitzer 2009, 143.
18 Vgl. Spitzer 2009, 144 f.
19 Bannert 2007, 30.
20 Vgl. Spitzer 2009, 147.
21 Vgl. Bannert 2007, 29.
22 Vgl. Bannert 2007, 29.
23 Siehe dazu auch: Starkmuth 2007, 162 f.
24 Abicht 2010
25 Vgl. Spitzer 2009, 151.
26 Bernhard Bueb, Akademische Feier 2009, Haus des Lebenslangen Lernens, Sprendlingen
27 Vgl. Kade 2007, 20.
28 Vgl. Abicht 2007, 15.
29 Siebert 2006
30 Ursula von der Leyen 2009: Unternehmen und Verbände unterzeichnen die »Berliner Erklärung« zum demografischen Wandel 2009
31 Lizius 2009, 3.
32 Siehe dazu auch: Christian Stamov Roßnagel (2008): Mythos: ›alter‹ Mitarbeiter. Lernkompetenz jenseits der 40. Psychologie Verlagsunion. Weinheim.
33 Vgl. Solzbacher 1990, 64.
34 Vgl. Solzbacher 1990, 53.

35 Vgl. Solzbacher 1990, 63.

36 Daniel Kehlmann, Ruhm. 2009

37 Christa Berg, Handbuch der deutschen Bildungsgeschichte. 2005, 99.

38 Vgl. Metzger 1996, 9.

39 Jostein Gaarder, Sofies Welt, 1999

40 zitiert nach: Berliner Zeitung. Lernen vom Leistungssport. 18./ 19.12.2010 Karriere S. 1

41 Daniel Kehlmann, Ruhm. 2009

42 Daniel Kehlmann, Ruhm. 2009

43 Vgl. Metzger 1996, 15 ff.

44 Siehe dazu auch: Assländer 2008.

45 Vgl. Metzger 1996, 42 ff.

46 Vgl. Offenbach Post 2009, V5, zitiert nach Neuroscience.

47 Vgl. Jordan 2001, 74.

48 Dieser Ablauf stammt aus eigener Erfahrung und hat sich bewährt. Zum genaueren Nachlesen eignet sich Jordan 2001, auch wenn in diesem Buch der Ablauf ein etwas anderer ist.

49 Vgl. Metzger 1996, 48.

50 Vgl. Metzger 1996, 50 ff.

51 Vgl. Metzger 1996, 22.

52 Vgl. Metzger 1996, 38.

53 Metzger 1996, 39.

54 Sütterlin 2004, www.philognosie.net.

55 Vgl. Metzger 1996, 55f.

56 Anmerkung: Sie möchten gerne mehr wissen – eine Empfehlung: Grötzebach 2006: Claudia Grötzebach (Hrsg.). Trainieren mit Herz und Verstand. Einführung in die suggestopädische Trainingspraxis. Offenbach 2006.

57 Vgl. Metzger 1996, 60 f.

58 Vgl. Metzger 1996, 62.

59 Vgl. Abicht 2007, 81.

60 Vgl. Metzger 1996, 65.

61 Vgl. Bohl 2005, 32 f.

62 Bohl 2005, K4.

63 Vgl. Metzger 1996, 97.

64 Schüßler/ Thurnes 2005, 49.

65 Vgl. Reischmann 1995, 132, zitiert in Behrmann 2003, 71.

66 Konnerth, Senftleben: www.zeitzuleben.de

67 Vgl. Konnerth/ Senftleben: www.zeitzuleben.de

68 Für diese Fragestellungen wurde die Methodik Appreciate Inquirement (AI) verwendet; das ist eine Fragetechnik deren Formulierungen ressourcenorientiert ausgerichtet sind und mental motivierend aufbauen.

69 Vgl. Reinmann-Rothmeier/ Mandl 1997, 3 79; zitiert in Schwarz/ Behrmann2003, 71.

70 Vgl. Siebert 2006, 169.

71 Ulfried Geuter 2008

72 Ulfried Geuter 2008

73 Else Lasker-Schüler, 1906

74 Eine wunderbare Danke-Übung ist an dieser Stelle auch die oben beschriebene Gehmeditation.

75 Siehe dazu auch Kapitel Neurowissenschaften

76 Siehe Kapitel Wahrnehmung

77 Thich Naht Hanh, Vierzehn Tore der Achtsamkeit zu einem spirituellen Engagement in der Welt.

78 Siehe dazu Tang/Posner 2010

79 Siehe dazu Rüegg 2010.1

80 Siehe dazu auch Ott 2010

81 Rüegg 2010.1

82 Siehe dazu Tang/Posner 2010

83 In der frühkindlichen Entwicklung führt eine zunehmende Vernetzung des anterioren cingulären Kortex (Anmerkung: »Der Anteriore Cinguläre Cortex (ACC) spielt eine wichtige Rolle bei Stimulus-Belohnungs-Lernen und bei der Auswahl von belohnungsgesteuerten Handlungsweisen. Im Rahmen dieser Doktorarbeit wurde eine Reihe von Experimenten durchgeführt, um die Rolle des ACC bei instrumentellen Verhalten, welches auf aufwandsabhängigen Entscheidungen beruht, und bei instrumentellem Lernen, welches durch belohnungsprädiktive Stimuli gesteuert wird, näher zu untersuchen. [...] Zusammenfassend lässt sich sagen, dass der ACC eine Rolle in Kosten-Nutzen-abhängigem Entscheidungsverhalten spielt, allerdings nicht in jeder Aufgabe, die eine Abschätzung von Kosten und Nutzen beinhaltet. In: Hauber 2006) dazu, dass Kinder ihre Emotionen und Handlungen besser kontrollieren können, wobei Schäden in dieser Gehirnregion Aufmerksamkeitsstörungen und Depressionen auslösen können.« Aus diesem Tierversuch ließe sich aus meiner Sicht ableiten, warum es so wichtig ist, die positiven Gefühle im Lernprozess wahrzunehmen. Dies wäre dann der positive Stimulus, quasi die Belohnung und damit die Motivation für die »Konditionierung«, weiterzumachen.).

84 Siehe dazu Kinslow 2010

85 Frank Kinslow nennt dieses positive Gefühl »Eu-Gefühl«, angelehnt an Eu-Stress, der positiven Stressvariante, im Gegensatz zu Dis-Stress.

86 Siehe Rüegg 2010.1)

87 Diese Übung kommt aus der Achtsamkeitspraxis des vietnamesischen Zenmeisters Thich Nhat Hanh.

88 Dieser Satz ist ein Buchtitel von Horst Evers.

89 Gatha aus der Achtsamkeitspraxis

Quellen- und Literaturverzeichnis

Hier finden Sie zum einen die Quellen, wie wir sie für den Text genutzt haben. Zum anderen führe ich hier Literatur auf, die mich in meinen Lernprozessen begleiten und einen wahren Fundus an Übungen bereit halten. Die KollegInnen von uns kennen es sicherlich: Wir lesen viel, wir entwickeln Methoden und es gibt eine Vielzahl an Anregungen, Gespräche mit TeilnehmerInnen, KollegeInnen, Literatur. Gelesenes und Gehörtes fließt in solch ein Buch ein und wir können es den Quellen nicht mehr zuordnen. In diesem Sinne einen großen Dank an die Autoren, Kollegen und Teilnehmer, auch wenn wir sie im Detail nicht zitieren können.

Abicht 2010: ABICHT, Lothar: Offene Zukunft. Menschliche Potentiale für eine neue Welt. Hamburg 2010.

Abicht 2007: ABICHT, Lothar: Noch lange nicht Methusalem! Warum es sich lohnt, ständig zu lernen. W. Bertelsmann Verlag GmbH & Co. KG. Bielefeld 2007.

Alverde 2006: Alverde, Auf ewig vernetzt. In: Alverde, Februar 2006.

Assländer/ Grün 2008: ASSLÄNDER, Friedrich/ GRÜN, Anselm: Spirituell Zeit gestalten. Vier Türme Verlag. Münsterschwarzach 2008.

Bach 2007: BACH, George R.: Keine Angst vor Aggression. Die Kunst der Selbstbehauptung. Fischer Verlag. Frankfurt 2007.

Bannert 2007: BANNERT, Maria: Einführung in die Pädagogik des ELearning und der Neuen Medien. Wahrnehmung und Aufmerksamkeit.[URL: http://www.elearning. tu-chemnitz.de/file.php/ 141/6VWahrnemung-Aufmerksamkeit-neu.pdf. Stand 11.02.2009].
Bayer 2004: BAYER, Klaus: Religiöse Sprache. Thesen zur Einführung. Religionswissenschaft: Forschung und Wissenschaft. LIT Verlag. Berlin 2004.

Bilgri 2007: BILGRI, Anselm: Entrümple deinen Geist. Wie man zum Wesentlichen vordringt. Knaur Verlag. München 2007.

Bohl 2005: BOHL, Thorsten: Wissenschaftliches Arbeiten im Studium der Pädagogik. Arbeitsprozesse, Referate, Hausarbeiten, mündliche Prüfungen und mehr ... Mit Kopiervorlagen für Studierende und Lehrende. Beltz Verlag. Weinheim 2005.

Cameron/Bryanm/Allen 2001: CAMERON, Julia / BRYANM, Mark / ALLEN, Catherine: Der Weg des Künstlers im Beruf. Das 12 Wochen Programm zur Steigerung der Kreativität. Knaur Verlag. München 2001.

Csikszentmihalyi/Carpentier 2010: CSIKSZENTMIHALYI, Mihaly / CARPENTIER, Annette: Flow. Das Geheimnis des Glücks. Klett Cotta 2010.

Ebeling 2005: EBELING, Daniel: Experimentelle Betrachtung visuell räumlicher Aufmerksamkeit jenseits des Spotlight Modells mittels funktioneller Magnetresonanztomographie. Promotion am Psychologischen Institut der TU Darmstadt zur Erlangung des akademischen Grades doctor rerum naturalium (Dr.rer.nat.). Darmstadt 2005.

Gaarder 1999: GAARDER, Jostein: Sofies Welt. Deutscher Taschenbuch Verlag GmbH & Co. KG. München 1999. 3. Aufl.

Geuter 2008: GEUTER, Ulfried: Erinnern und vergessen. In: HR Radio/Funkkolleg, 22. 11.2008.

Gigerenzer 2007: GIGERENZER, Gerd: Bauchentscheidungen. Die Intelligenz des Unbewussten und die Macht der Intuition. W. Bertelsmann Verlag GmbH & Co. KG. München 2007.

Glassmann 1999: GLASSMANN, Bernard: Anweisungen für den Koch. Lebensentwurf eines Zen- Meisters. Hoffman und Campe Verlag. Hamburg 1999.

Golemann 1997: GOLEMANN, Daniel: EQ. Emotionale Intelligenz. Deutscher Taschenbuch Verlag. München 1997.

Grawe 2004: GRAWE, Klaus: Neuropsychotherapie. Hogrefe Verlag. Göttingen 2004.

Härtl-Kasulke 2011.1: HÄRTL-KASULKE, Claudia: Lernen mit Emotion und Intuition. Mit Meditation das Lernen beflügeln. In Trainer Kontakt-Brief, Januar 2011, Nr. 1, S. 24.

Härtl-Kasulke 2011.2: HÄRTL-KASULKE, Claudia: Burnout oder Licht an. In: Michael Kalthoff-Mahnke (Hg.): Jahrbuch Interne Kommunikation. In Bearbeitung.

Härtl-Kasulke 2010.1: HÄRTL-KASULKE, Claudia: Lernen mit Emotion und Intuition. Chancen und Herausforderungen. In Trainer Kontakt-Brief, Juni 2010, Nr. 70, S. 24.

Härtl-Kasulke 2010.2: HÄRTL-KASULKE, Claudia: Lernen mit Emotion und Intuition. King Size: Nachhaltig ankern. In Trainer Kontakt-Brief, Juli 2010, Nr. 71, S. 24.

Härtl-Kasulke 2010.3: HÄRTL-KASULKE, Claudia: Lernen mit Emotion und Intuition. Intuition – der Turbo für eigenverantwortliches Lernen.. In Trainer Kontakt-Brief, Oktober 2010, Nr. 72, S. 24.

Härtl-Kasulke 2008: HÄRTL-KASULKE, Claudia: Wertschätzen – Werte leben – Loben macht Spaß. In: Tempra. Das Management-Magazin. 6/2008, 32. Berlin 2008.

Härtl-Kasulke 1998: HÄRTL-KASULKE, Claudia: Marketing für Zielgruppen ab 50. Kommunikationsstrategien für 50 plus und Senioren. Luchterhand Verlag. Neuwied/ Kriftel 1998.

Hauber 2006: HAUBER, Wolfgang: Die Rolle des Anterioren Cingulären Cortex bei Entscheidungsprozessen und instrumentellen Lernvorgängen. Dissertation an der Universität Stuttgart, Biologisches Institut. Stuttgart 2006. http://elib.uni-stuttgart.de/opus/volltexte/2006/2762/

Herrmann (Hrsg.) 2005: HERRMANN, Ulrich: Handbuch der deutschen Bildungsgeschichte. Band 2. 18. Jahrhundert. Vom späten 17. Jahrhundert bis zur Neuordnung Deutschlands um 1800. Verlag C. H. Beck. München 2005.

Huber 2005: HUBER, Michaela: Trauma und Traumabehandlung Teil1. Trauma und die Folgen. Junfermann Verlag. Paderborn 2005.

Huber 2006: HUBER, Michaela: Der innere Garten: Ein achtsamer Weg zur persönlichen Veränderung. Jungfermann Verlag. Paderborn 2006.

Huber 2006: HUBER, Michaela: Trauma und Traumabehandlung Teil 2. Wege der Traumabehandlung. Junfermann Verlag. Paderborn 2006.

Hüther 2006: HÜTHER, Gerald: Bedienungsanleitung für ein menschliches Gehirn. Göttingen 2006.

Hüther 2004: HÜTHER, Gerald: Die Macht der inneren Bilder. Wie Visionen das Gehirn, den Menschen und die Welt verändern. Göttingen 2004.

Hüther 2009: HÜTHER, Gerald: Biologie der Angst. Wie aus Streß Gefühle werden. Göttingen 2009, 9. Aufl.

Johnson 1998: JOHNSON, Spencer (deutschsprachig 2000): Die Mäuse-Strategie für Manager. Veränderungen erfolgreich begegnen. Hugendubel Verlag. München 2000.

Jordan 2001: JORDAN, Alexander: Entspannungstraining. Ruhe für Körper, Geist und Seele. Meyer und Meyer Verlag, Aachen 2001.

Kade 2007: KADE, Sylvia: Altern und Bildung. Eine Einführung. W. Bertelsmann Verlag GmbH & Co. KG. Bielefeld 2007.

Kast 2007: KAST, Bas: Wie der Bauch dem Kopf beim Denken hilft. Die Kraft der Intuition. S. Fischer Verlag. Frankfurt 2007.

Kehlmann 2009: KEHLMANN, Daniel: Ruhm. Ein Roman in neun Geschichten. Rohwolt Verlag. Berlin 2009.

Kellermann 2009: KELLERMANN, Loreen, Selbstgesteuertes Lernen und seine Anforderungen an die Lernenden. Seminararbeit. 2009.

Kinslow 2010: KINSLOW, Frank: Quantenheilung erleben. Wie die Methode konkret funktioniert in jeder Situation. Freiburg im Breisgau 2010.

Klein/Gibson 2004: KLEIN, Shari / GIBSON, Neill, Was macht dich wütend? 10 Schritte zur Transformation von Ärger, durch die alle gewinnen können. Junfermann Verlag. Paderborn 2004.

Konnerth/Senftleben (1999): KONNERTH, Tania / SENFTLEBEN, Ralf: Zeit zu leben.
[URL:http://www.zeitzulebende/artikel/denken/kreativitaet-3.html. Stand: 03.04.2009].

Krattinger 2006: KRATTINGER, Franziska: Ein Wort genügt... sich einfach umprogrammieren. Silberschnur Verlag. Güllesheim 2006.

Levine/Frederick 1998: LEVINE, Peter A. / FREDERICK, Ann: Traumaheilung. Das Erwachen des Tigers. Unsere Fähigkeit, traumatische Erfahrung zu transformieren. Synthesis. Essen 1998.

Lizius 2008: LIZIUS, Daniel: Außenseiter im frühen Mittelalter. Untersuchung des sozialen Umgangs mit Juden und Leprosen in den Frankenreichen. Magisterarbeit. Historisches Institut. Universität Mannheim 2008.

Martens 2009: MARTENS, Jens-Uwe: Einstellungen erkennen, beeinflussen und nachhaltig verändern. Von der Kunst, das Leben aktiv zu gestalten. Verlag W. Kohlhammer. Stuttgart 2009.

Martens/Kuhl 2009: MARTENS, Jens-Uwe / KUHL, Julius: Die Kunst der Selbstmotivierung. Neue Erkenntnisse der Motivationsforschung praktisch nutzen. Verlag W. Kohlhammer. München 2009. 3. überarbeitete Aufl.

Metzger 1996: METZGER, Christoph: Lern- und Arbeitsstrategien. Ein Fachbuch für Studierende an Universitäten und Fachhochschulen (mit eingelegtem Fragebogen). Verlag Sauerländer. Aarau/ Schweiz 1996.

Nold 1992: NOLD, Günter (Hrsg.): Lernbedingungen und Lernstrategien. Welche Rolle spielen kognitive Verstehensstrukturen? Gunter Narr Verlag. Tübingen 1992.

Olbrich 2001: OLBRICH, Josef: Geschichte der Erwachsenenbildung in Deutschland. Bundeszentrale für politische Bildung. Leske und Budrich Verlag. Opladen 2001.

Offenbach Post 10.04.2009, V5 zitiert nach Neuroscience

Parent 2002: PARENT, Josef, Zen: Golf. Das mentale Spiel meistern. Goldmann Verlag. München 2002.

Ott 2010: OTT, Ulrich: Meditation für Skeptiker. Ein Neurowissenschaftler erklärt den Weg zum Selbst. München 2010.

Probst/Raub/Romhardt 2003: PROBST, Gilbert J.B. /RAUB, Steffen / ROMHARDT, Kai: Wissen managen. Wie Unternehmen ihre wertvolle Ressource optimal nutzen. 2003, 4. Aufl.

Rapp 1982: RAPP, Gerhard: Aufmerksamkeit und Konzentration. Erklärungsmodelle. Störungen. Handlungsmöglichkeiten. Julius Klinkhardt Verlag. 1982.

Reddemann 2004: REDDEMANN, Luise: Eine Reise von 1000 Meilen beginnt mit dem ersten Schritt. Seelische Kräfte entwickeln und fördern. Herder Verlag. Freiburg 2004.

Reimann-Höhn 2007: REIMANN-HÖHN, Uta: »Erste Hilfe« bei Klassenarbeiten. Gewusst wie: Die besten Techniken und Tricks für Lernen ohne Stress. Fid Verlag GmbH. Bonn 2007.

Reimann-Höhn 2007.1: REIMANN-HÖHN, Uta, So entdecken und fördern Sie die Talente Ihres Kindes. Tests und Tipps zur individuellen Förderung. Fid Verlag GmbH. Bonn 2007.

Schulz von Thun 2004: SCHULZ VON THUN, Friedemann: Das innere Team in Aktion. Praktische Arbeit mit dem Modell. Rowohlt Taschenbuche Verlag. Berlin 2004.

Romhardt 2009. ROMHARDT, Kai: Wir sind die Wirtschaft. Achtsamkeit leben – Sinnvoll handeln. Bielefeld 2009.

Romhardt 2004: ROMHARDT, Kai: Slow down your life. München 2004.

Romhardt 2002: ROMHARDT, Kai: Wissen ist machbar – 50 Basics für einen klaren Kopf. München. München 2002, 2. Aufl.

Rüegg 2010: RÜEGG, Johann Caspar: Gehirn, Psyche und Körper. Stuttgart 2010, 5. Aufl.

Rüegg 2010.1: RÜEGG, Johann Caspar: Sanfter Umbau des Gehirns. Meditation vermindert die Ausschüttung von Stresshormonen und regt die Bildung neuer grauer Zellen an. In: Berliner Zeitung, 18./19.12.2010, S. 18.

Schüßler 2001: SCHÜSSLER, Ingeborg: Nachhaltiges Lernen. In: Grundlagen der Weiterbildung – Praxishilfen. Loseblattsammlung. [URL: http://www.die-Bonn.de/portrait/aktuelles/ DIE_Forum_2005_Schuessler _Nachhaltiges Lernen pdf. Stand: 28.03.2009].

Schüßler/Thurnes 2005: SCHÜSSLER, Ingeborg / THURNES, Christian M.: Lernkulturen in der Weiterbildung. Studientexte für Erwachsenenbildung. W. Bertelsmann Verlag GmbH & Co. KG. Bielefeld 2005.

Schwarz/Behrmann 2003: SCHWARZ, Bernd (Hrsg.) / BEHRMANN, Detlef: Selbstgesteuertes lebenslanges Lernen. Herausforderungen an die Weiterbildungsorganisation. W. Bertelsmann Verlag GmbH & Co. KG. Bielefeld 2003.

Sharma 1999: SHARMA, Robin S.: Der Mönch der seinen Ferrari verkaufte. Eine Parabel vom Glück. Pattloch Verlag. Augsburg 1999.

Siebert 2006: SIEBERT, Horst: Selbstgesteuertes Lernen und Lernberatung. Konstruktivistische Perspektiven. Ziel-Verlag. Augsburg 2006. 2. überarbeitete Aufl.

Solzbacher 1990: SOLZBACHER, Claudia: Schlüsselqualifikationen. In: GEISSLER, Erich E. (Hrsg.) 1990: Bildung für das Alter – Bildung im Alter. Expertensammlung. Bouvier Verlag. Bonn 1990.

Spitzer 2009: SPITZER, Manfred: Lernen. Gehirnforschung und die Schule des Lebens. Spektrum Akademischer Verlag. Heidelberg 2009.

Spitzer/Wulf 2007: SPITZER, Manfred / WULF, Bertram: Braintertainment. Expeditionen in die Welt von Geist und Gehirn. Schattauer Verlag. Stuttgart 2007.

Starkmuth 2007: STARKMUTH, Jörg: Die Entstehung der Realität. Wie das Bewusstsein die Welt erschafft. Jörg Starkmuth Verlag. Bonn 2007. 7. Aufl.

Stielau-Pallas 1982: STIELAU-PALLAS, Alfred: Die Spielregeln des Erfolgs. Eigenverlag. Australien1982.

Sütterlin 2004: SÜTTERLIN, Petra: Vier Lerntypen und wie sie am effektivsten lernen.
[URL: http://www.philognosie.net/index.php/article/articleview/ 163 /. Stand 11.02.2009].

Thich Nhat Hanh/Ifang 2007: Thich Nhat HANH / IFANG, Erika: Ärger. Befreiung aus dem Teufelskreis negativer Emotionen. Goldmann 2007.

Thich Nhat Hanh 1998: Thich Nhat HANH: Vierzehn Tore der Achtsamkeit zu einem spirituellen Engagement in der Welt. Berlin 1998.

Tang/Posner 2010. Yi-Yuan TANG, POSNER, Michael: Integrative Body-Mind Training (IBMT) Meditation Found to Boost Brain Connectivity 2010. In: Science Daily. National Academy of Science, www.sciencedaily.com/releases/2010/08/100816155000.htm.

Van de Brug/ Locher 1997: VAN DER BRUG, Jos / LOCHER, Kees: Unternehmen. Lebenslauf. Biographie, Beruf und persönliche Entwicklung. Urachhaus Verlag. Stuttgart 1997.

Zeuch 2010: ZEUCH, Andreas: Feel. So viel Intuition verträgt Ihr Unternehmen. Weinheim 2010.

Salüüü ...

... na, hab ich zuviel versprochen? Haben Sie Genussvolles und Freude beim Lernen entdeckt? ... Auf alle Fälle freu ich mich auf ein baldiges Wiedersehen,

Ihr Lernus